EL
SANTUARIO
Y 2300 DÍAS

ANDREWS

ADVENTIST PIONEER LIBRARY

© 2025 Adventist Pioneer Library
P. O. Box 51264
Eugene, OR, 97405
www.APLib.org
contact@aplib.org

Título del original en Inglés:

The Sanctuary and Twenty-three Hundred Days

Publicado originalmente en 1872 por la Steam Press de la Seventh-day Adventist Publishing Association, en Battle Creek, Michigan.

Apoyo: Centro de Investigaciones Elena G. de White – Brasil

Traducción: Lourdes Herrera Rasmussen

Agosto, 2025

ISBN: 978-1-61455-190-4

Nota del editor (1872)

Esta obra se publicó en 1853, y ha estado agotada durante un número considerable de años. Se ha utilizado una edición abreviada, pero incluso ésta se ha agotado. Hemos pensado que lo mejor es volver a publicar la obra tal como fue escrita por primera vez, creyendo que es valiosa, especialmente en cuanto a su circulación entre aquellos que se interesaron en el gran Movimiento Adventista de 1843–4.

EL
SANTUARIO
Y 2300 DÍAS

ANDREWS

John Nevins Andrews
1829–1883

Índice

Introducción

No es necesario pedir disculpas por la presentación de este tema. Quienes tengan algún interés en el pasado movimiento adventista, no pueden sino estar profundamente interesados en la cuestión de nuestra decepción. Examinar esta cuestión con franqueza e imparcialidad, y exponer las razones por las que no se cumplieron nuestras expectativas, es el objetivo de este trabajo.

Sin embargo, es necesario señalar brevemente varios puntos presentados en estas páginas. En las páginas 30 y 31, citamos del *Heraldo del Adviento* una negación de la conexión entre las 70 semanas y los 2300 días por parte de S. Bliss. Pero la justicia hacia el anciano Himes exige que declaremos aquí que en un número reciente del *Heraldo* ha reconocido su conexión. Refiriéndose a la primera conferencia que oyó pronunciar al Sr. Miller, comenta:

> "Derramó un torrente de luz de otras escrituras sobre cada parte de su tema, y me hizo rendirme completamente a la fe, tanto en cuanto a la *manera* como al *tiempo* del segundo advenimiento de nuestro Salvador. Y aunque ha pasado el tiempo sin que se haya realizado el acontecimiento, nunca he podido resolver el misterio. La conexión de las setenta semanas con la visión de los 2300 días todavía parece clara, pero no puede armonizarse con la *luz* que tenemos ahora sobre la cronología; pero habiendo cumplido con nuestro deber, esperamos pacientemente la clara luz del Cielo sobre el tema, con la esperanza de la plena y rápida realización de todo lo que siempre esperamos en el cumplimiento de la profecía, tanto en cuanto a la naturaleza de los acontecimientos, como al momento de su realización, al final de los días. Y se nos exhorta, en vista de esto, a no 'desechar nuestra confianza, que tiene gran recompensa, pues tenemos necesidad de paciencia, para que después de haber hecho la voluntad de Dios, recibamos la promesa'. Así que velamos, esperamos y aguardamos." – *Heraldo del Adviento*, 26 de febrero de 1853.

Que este tema esté envuelto en el misterio para quienes creen que la tierra es el santuario, no es extraño; pues si se admite la conexión entre las 70 semanas y los 2300 días, es seguro que el período ha terminado. Y si la tierra es el santuario, la profecía ha fracasado, pues ninguna parte de la tierra ha sufrido todavía un cambio. Por lo tanto, no hay manera de explicar el paso del tiempo, a menos que neguemos la conexión de las 70 semanas y los 2300 días, o concluyamos que la tierra no puede ser el santuario. S. Bliss adopta la primera de estas posturas. El anciano H., sin embargo, sigue admitiendo la conexión de los dos periodos, pero se contenta con calificar de misterio nuestro desengaño.

Pero ¿llama la Biblia santuario a la Tierra? ¿Garantiza la conclusión de que al final del período la tierra sería quemada? ¿No enseña, por el contrario, mediante un cúmulo de testimonios, que otra cosa es el santuario del Señor? ¿Y no enseña también un método de purificación del santuario distinto del fuego? La respuesta a estas preguntas se encontrará en las páginas siguientes:

En las páginas 62-66 se menciona la profecía de (Ezequiel 40-48) relativa a la restauración del santuario típico. Allí se adopta la postura de que esas bendiciones fueron ofrecidas a Israel bajo ciertas condiciones, y que pertenecían al período de la dispensación típica. Y, además, que, como estas condiciones nunca se cumplieron, las bendiciones prometidas nunca fueron otorgadas a ese pueblo. Allí se exponen las razones de este punto de vista. Lo que sigue del *Comentario de Bliss sobre el Apocalipsis*, páginas 7 y 8, puede ser de utilidad para el lector:

"Profecía condicional" es cuando el cumplimiento depende de que aquellos a quienes se hace la promesa cumplan las condiciones en las que se da. *Ejemplos*: 'Si anduviereis en mis estatutos, y guardareis mis mandamientos y los pusiereis por obra, yo os daré lluvia a su tiempo, y la tierra dará su fruto, y los árboles del campo darán su fruto'. Levítico 26:3, 4 ' Pero si no me oyereis, ni hiciereis todos estos mis mandamientos, y si desdeñareis mis decretos, y vuestra alma menospreciare mis estatutos, no ejecutando todos mis mandamientos, e invalidando mi pacto, yo también haré con vosotros esto: enviaré sobre vosotros terror, extenuación y calentura, que consuman los ojos y atormenten el alma; y sembraréis en vano vuestra semilla, porque vuestros enemigos la comerán...' Versículos 14-16. 'Y acontecerá, *si* oyeres diligentemente la voz del Señor tu Dios, para guardar y poner por obra todos sus mandamientos que yo te prescribo hoy, que el Señor tu Dios te pondrá en alto sobre todas las naciones de la tierra; y todas estas bendiciones vendrán sobre ti y te alcanzarán, *si* oyeres la voz del Señor tu Dios.' Deuteronomio 28:1, 2 'Pero acontecerá, si no oyeres la voz de Jehová tu Dios, para procurar cumplir todos sus mandamientos y sus estatutos que yo te intimo hoy, que vendrán sobre ti todas estas maldiciones, y te alcanzarán.', etc. Versículo 15.

"Las predicciones de mera prosperidad o adversidad nacional suelen ser condicionales. Cuando la condición no se expresa, está implícita. *Ejemplo*: El Señor dijo a Jonás: 'Levántate, ve a Nínive, esa gran ciudad, y predícale lo que yo te mande... Jonás entró en la ciudad a un día de camino, y gritó diciendo: Todavía cuarenta días y Nínive será destruida. Y el pueblo de Nínive creyó a Dios, y proclamó ayuno y se vistió de cilicio, desde el mayor de ellos hasta el menor... Y vio Dios sus obras, que se convirtieron de su mal camino; y se arrepintió Dios del mal que había dicho que les haría, y no lo hizo".

"Para todos los casos de este tipo, el Señor ha dado la siguiente REGLA general: 'En el momento en que yo hable de una nación y de un reino para arrancarlo, derribarlo y destruirlo, si esa nación, contra la que me he pronunciado, se vuelve de su maldad, me arrepentiré del mal que pensaba hacerles. Y en el instante en que yo hable acerca de una nación y acerca de un reino, para edificarla y plantarla, si hiciere lo malo ante mis ojos, no obedeciendo a mi voz, entonces me arrepentiré del bien con que dije que los beneficiaría". Jeremías 18:7-10".

J. N. A.

El Santuario

❦

Al presentar este importantísimo tema a la consideración del pueblo de Dios, invitamos a la atención sincera y orante de todos los que tengan oídos para oír. Miles de personas comprenden perfectamente que la gran decepción de los creyentes en el Advenimiento surgió del hecho de que creían que la purificación del santuario sería el incendio de la tierra, o algún acontecimiento que ocurriría en el segundo advenimiento del Señor Jesús; y como podían establecer claramente el hecho de que los 2300 días terminarían en el otoño de 1844, esperaban con la plena seguridad de la fe y la esperanza la gloriosa aparición del Hijo de Dios en ese momento. Dolorosa y penosa fue la decepción; y mientras el corazón de los confiados se doblegaba de tristeza, no faltaron quienes negaron abiertamente la mano de Dios en el movimiento adventista, y naufragaron por completo en su fe.

Como el tema del santuario de la Biblia implica los hechos más importantes relacionados con nuestro desengaño, merece la seria atención de todos los que esperan la consolación de Israel. Examinemos, pues, de nuevo con atención la visión del hombre muy amado, registrada en Daniel 8. Llamamos la atención sobre los símbolos que se presentan en este capítulo. Lo primero que se presentó a los ojos del profeta, fue

La Visión del Carnero.—"Alcé los ojos y miré, y he aquí un carnero que estaba delante del río, y tenía dos cuernos; y aunque los cuernos eran altos, uno era más alto que el otro; y el más alto creció después. Vi que el carnero hería con los cuernos al poniente, al norte y al sur, y que ninguna bestia podía parar delante de él, ni había quien escapase de su poder; y hacía conforme a su voluntad, y se engrandecía." Versículos 3, 4.

La Visión del Macho Cabrío.—"Mientras yo consideraba esto, he aquí un macho cabrío venía del lado del poniente sobre la faz de toda la tierra, sin tocar tierra; y aquel macho cabrío tenía un cuerno notable entre sus ojos. Y vino hasta el carnero de dos cuernos, que yo había visto en la ribera del río, y corrió contra él con la furia de su fuerza. Y lo vi que llegó junto al carnero, y se levantó contra él y lo hirió, y le quebró sus dos cuernos, y el carnero no tenía fuerzas para pararse delante de él; lo derribó, por tanto, en tierra, y lo pisoteó, y no hubo quien librase al carnero de su poder. Y el macho cabrío se engrandeció sobremanera; pero estando en su mayor fuerza, aquel gran cuerno fue quebrado, y en su lugar salieron otros cuatro cuernos notables hacia los cuatro vientos del cielo." Versículos 5-8.

La Visión del Cuerno Pequeño.—"Y de uno de ellos salió un cuerno pequeño, que creció mucho al sur, y al oriente, y hacia la tierra gloriosa. Y se engrandeció hasta el ejército del cielo; y parte del ejército y de las estrellas echó por tierra, y las pisoteó. Aun se engrandeció contra el príncipe de los ejércitos, y por él fue quitado el continuo sacrificio, y el lugar de su santuario fue echado por tierra. Y a causa de la prevaricación le fue entregado el ejército junto con el continuo sacrificio; y echó por tierra la verdad, e hizo cuanto quiso, y prosperó..." Versículos 9-12.

La Visión del Santuario y los 2300 Días.—"Entonces oí a un santo que hablaba, y otro santo dijo a aquel santo que hablaba: ¿Hasta cuándo será la visión, acerca del sacrificio diario y la transgresión de la desolación, para que tanto el santuario como el ejército sean hollados? Y él me respondió: Hasta 2300 días; entonces será purificado el santuario". Versículos 13, 14.

Gabriel Recibe el Mandato de Explicar esta Visión

"Y aconteció que mientras yo Daniel consideraba la visión y procuraba comprenderla, he aquí se puso delante de mí uno con apariencia de hombre. Y oí una voz de hombre entre las riberas del Ulai, que gritó y dijo: Gabriel, enseña a este la visión. Vino luego cerca de donde yo estaba; y con su venida me asombré, y me postré sobre mi rostro. Pero él me dijo: Entiende, hijo de hombre, porque la visión es para el tiempo del fin. Mientras él hablaba conmigo, caí dormido en tierra sobre mi rostro; y él me tocó, y me hizo estar en pie. Y dijo: He aquí yo te enseñaré lo que ha de venir al fin de la ira; porque eso es para el tiempo del fin." Versículos 15-19.

Explicación del Símbolo del Carnero.—"El carnero que has visto con dos cuernos son los reyes de Media y de Persia". Versículo 20. No puede malinterpretarse el significado del primer símbolo. Mediante él, el Imperio Medo-persa se presentaba a los ojos del profeta; sus dos cuernos denotaban la unión de estas dos potencias en un solo gobierno. Esta visión, por tanto, no comienza con el imperio de Babilonia, como las visiones de los capítulos segundo y séptimo, sino que comienza con el imperio de los medos y persas a la derecha de su poder, prevaleciendo hacia el oeste, el norte y el sur, de modo que ningún poder podía hacerle frente. La explicación del siguiente símbolo mostrará qué poder derrocó al Imperio persa y le sucedió en su lugar.

Explicación de los Símbolos del Macho Cabrío.—"El macho cabrío es el rey de Grecia, y el gran cuerno que tiene entre los ojos es el rey primero. Ahora bien, roto éste, mientras que cuatro se levantaron por él, cuatro reinos se levantarán de la nación, pero no en su poder." Versículos 21, 22. La explicación de este símbolo es también definitiva y segura. El poder que debe derrocar a los medos y a los persas y, en su lugar, dominar la tierra, es el imperio de los griegos. Grecia sucedió a Persia en el dominio del mundo en el año 331 a.C. Aquí se explica que el gran cuerno es el primer rey de Grecia; era Alejandro Magno. Los cuatro cuernos que surgieron al romperse este cuerno denotan los cuatro reinos en que se dividió el imperio de Alejandro después de su muerte. Lo mismo presentaban las cuatro cabezas y las cuatro alas del leopardo. Daniel 7:6. Se predice sin el uso de símbolos en Daniel 11:3, 4. Estos cuatro reinos eran Macedonia, Tracia, Siria y Egipto. Se originaron en el año 312 a.C.

Explicación del Símbolo del Cuerno Pequeño.—"Y al fin del reinado de estos, cuando los transgresores lleguen al colmo, se levantará un rey altivo de rostro y entendido en enigmas. Y su poder se fortalecerá, mas no con fuerza propia; y causará grandes ruinas, y prosperará, y hará arbitrariamente, y destruirá a los fuertes y al pueblo de los santos. Con su sagacidad hará prosperar el engaño en su mano; y en su corazón se engrandecerá, y sin aviso destruirá a muchos; y se levantará contra el Príncipe de los príncipes, pero será quebrantado, aunque no por mano humana..." Versículos 23-25.

Para evitar la aplicación de esta profecía al poder romano, pagano y papal, los papistas la han desplazado de Roma a Antíoco Epífanes, un rey sirio que *no pudo resistir* los mandatos de Roma. Véanse las notas de la Biblia Douay (Romana) sobre Daniel 7; 8; 11. Esta aplicación la han hecho los papistas, para salvar a su iglesia de cualquier participación en el cumplimiento de la profecía; y en esto han sido seguidos por la masa de opositores a la fe adventista. Los siguientes hechos demuestran que

El Cuerno Pequeño no era Antíoco

1. Los cuatro reinos en que se dividió el dominio de Alejandro están simbolizados por los cuatro cuernos del macho cabrío. Ahora bien, este Antíoco no era más que uno de los veinticinco reyes que constituían el cuerno sirio. ¿Cómo, pues, podía ser *al mismo tiempo otro cuerno* notable?

2. El carnero, según esta visión, se engrandeció; el macho cabrío se engrandeció mucho; pero el cuerno pequeño se engrandeció sobremanera. Qué absurda y ridícula es la siguiente aplicación de esta comparación:

Grande.	Muy grande.	Extremadamente grande.
Persia.	GRECIA.	ANTIOCO.

Qué fácil y natural es lo siguiente:

Grande.	Muy grande.	**Extremadamente grande.**
Persia.	GRECIA.	**ROMA.**

3. El Imperio medopersa es llamado simplemente *grande*. Versículo 4. La Biblia nos informa de que se extendía "desde la India hasta Etiopía sobre ciento veintisiete provincias." Ester 1:1. A éste le sucedió el poder griego, al que se califica DE MUY GRANDE. Versículo 8. Luego viene el poder en cuestión, que se denomina EXTREMADAMENTE GRANDE. Versículo 9. ¿Era Antíoco extremadamente grande en comparación con Alejandro, el conquistador del mundo? Deja que te responda un artículo de la *Enciclopedia del Conocimiento Religioso*:

> "Al ver agotados sus recursos, resolvió ir a Persia, para imponer tributos y recaudar grandes sumas que había *acordado pagar a los romanos*".

Ciertamente, no es necesario preguntarse cuál era más grande, si el poder romano que exigió el tributo, o Antíoco que se vio obligado a pagarlo.

4. El poder en cuestión era "pequeño" al principio, pero creció o se hizo "muy grande hacia el sur, hacia el este y hacia la tierra placentera". ¿Qué puede describir esto sino las marchas conquistadoras de una potencia poderosa? Roma estaba casi directamente al noroeste de Jerusalén, y sus conquistas en Asia y África estaban, por supuesto, hacia el este y el sur; pero ¿dónde estaban las conquistas de Antíoco? Entró en posesión de un reino ya establecido, y Sir Isaac Newton dice: "*No* lo amplió".

5. De las muchas razones que podrían añadirse a las anteriores, solo nombramos una. Este poder debía enfrentarse al Príncipe de los príncipes. Daniel 8, versículo 25. El Príncipe de los príncipes es Jesucristo. Apocalipsis 1:5; 17:14; 19:16. Pero Antíoco murió 164 años antes de que naciera

nuestro Señor. Queda establecido, por tanto, que otro poder es el sujeto de esta profecía. Los siguientes hechos lo demuestran

ROMA ES EL PODER EN CUESTIÓN

1. Este poder debía surgir de uno de los cuatro reinos del imperio de Alejandro. Recordemos que las naciones no aparecen en la profecía hasta que no se relacionan de algún modo con el pueblo de Dios. Roma había existido muchos años antes de ser mencionada en la profecía; y Roma había hecho de Macedonia, uno de los cuatro cuernos del macho cabrío griego, una parte de sí misma en 168 a.C., unos diez años antes de su primera conexión con el pueblo de Dios. Véase 1 Mac. 8. De modo que podría decirse con tanta verdad que Roma "salió de uno de ellos", como que los *diez cuernos* de la cuarta bestia del capítulo séptimo salieron *de esa* bestia, cuando eran diez reinos establecidos por los conquistadores de Roma.

2. Iba a engrandecerse en extremo hacia el sur, hacia el este y hacia la tierra gloriosa (Palestina. Salmo 106:24; Zacarías 7:14). Esto era cierto de Roma en particular. Testigo de ello son sus conquistas en África y Asia, y su derrocamiento del lugar y la nación de los judíos. Juan 11:48.

3. Debía derribar el ejército y las estrellas. Esto se predice con respecto al dragón. Apocalipsis 12:3, 4. Todos admiten que el dragón era Roma. ¿Quién puede dejar de ver su identidad?

4. Roma era enfáticamente un rey de semblante feroz y que entendía de frases oscuras. Moisés utilizó un lenguaje similar cuando, como todos coinciden, predijo el poder romano. Deuteronomio 28:49, 50.

5. Roma destruyó maravillosamente. Atestigua su derrocamiento de todos los poderes opuestos.

6. Roma ha destruido más del "pueblo fuerte y santo" que todas las demás potencias perseguidoras juntas. De cincuenta a cien millones de la Iglesia han sido asesinados por ella.

7. Roma se levantó contra el Príncipe de los príncipes. El poder romano clavó a Jesucristo en la cruz. Hechos 4:26, 27; Mateo 27:2; Apocalipsis 12:4.

8. Este poder debe "romperse sin mano". Qué clara es la referencia a la piedra "cortada sin mano" que hirió a la imagen. Daniel 2:34. Su destrucción, pues, no tiene lugar hasta el derrocamiento final del poder terrenal. Estos hechos son una prueba concluyente de que Roma es el objeto de esta profecía. Para una nota más amplia, véase *Biblioteca Adviento*, núm. 33.

El campo de visión, pues, son los imperios de Persia, Grecia y Roma.

La parte de la visión que ahora atrae nuestra atención es el tiempo: el cómputo de los 2300 días.

Los 2300 Días no Explicados en Daniel 8

Gabriel sí explicó a Daniel lo que significaban los símbolos de las bestias y de los cuernos, pero no le explicó en esta visión los 2300 días ni el santuario. De ahí que Daniel nos diga al final del capítulo que "estaba espantado a causa de la visión, y no la entendía." Pero hay varios hechos que nos darán alguna luz sobre este asunto.

1. Es un hecho que 2300 días literales (no exactamente siete años) no abarcarían la duración de un solo poder en esta profecía, y mucho menos se extenderían sobre todos ellos. Por tanto, los días deben ser simbólicos, del mismo modo que las bestias y los cuernos son simbólicos.

2. Es un hecho que un día simbólico o profético equivale a un año. Ezequiel 4:5, 6; Números 14:34. Por tanto, el período es de 2300 años.

3. El período debe comenzar con "la visión"; por consiguiente, empieza en el apogeo del poder medo persa.

Pero el ángel no ha explicado todavía la "naturaleza del tiempo", ni ha dado su fecha al profeta. Si Gabriel nunca explicó este tema a Daniel, es un ángel caído, pues se le ordenó claramente que lo hiciera. Daniel 8:16. Pero no es un ángel caído, como se desprende del hecho de que, unos cien años después de esto, fue enviado a Zacarías y a María. Lucas 1. Gabriel explicó a Daniel en aquel momento más de lo que podía soportar (versículo 27), y en un período posterior, como ahora mostraremos, hizo que Daniel comprendiera la visión.

Gabriel Explica en Daniel 9 lo que Omitió en el Capítulo 8

Como hemos visto, se había encargado a Gabriel que hiciera comprender a Daniel la visión. Versículo 16. Pero en el último versículo del capítulo nos enteramos de que "no entendía" la visión. Esto debe referirse particularmente a los 2300 días y al santuario, ya que las otras partes de la visión habían sido claramente explicadas.

Pero en el primer versículo del capítulo 10, nos informa de que se le reveló una palabra; "y la palabra era verdadera, pero *el tiempo señalado era largo*; y *comprendió la palabra*, y tuvo entendimiento de la visión". Por tanto, es evidente que entre los capítulos 8 y 10, debió obtener la comprensión deseada del tiempo. En otras palabras, la explicación debe encontrarse en el capítulo 9.

Daniel 9 comienza con la oración ferviente e insistente del profeta, de cuya lectura se desprende que había malinterpretado hasta tal punto la vi-

sión del capítulo 8, que llegó a la conclusión de que los 2300 días de piso-
teo del santuario terminarían con los 70 años de desolación de la ciudad y
del santuario predichos por Jeremías. Compara los versículos 1 y 2 con los
versículos 16 y 17. El varón Gabriel es enviado ahora para desengañarle y
completar la explicación de la visión. "Mientras hablaba en oración", dice
Daniel, "el varón Gabriel, a quien había visto en la visión al principio [aquí
nos remite al capítulo 8:15, 16], volando con presteza, vino a mí como a la
hora del sacrificio de la tarde. Y me informó, y habló conmigo, y dijo: Oh
Daniel, *ahora he salido para darte sabiduría* y *entendimiento*. Al principio de
tus ruegos fue dada la orden, y *yo he venido para enseñártela*, porque tú eres
muy amado; *entiende, pues, la orden* y *entiende la visión*." Versículos 21-23.

Observa estos hechos: 1. En el versículo 21, Daniel nos remite a la
visión del capítulo 8. 2. En el versículo 22, Gabriel declara que había venido para dar a Daniel sabiduría y entendimiento. Siendo éste *el objeto* de
la misión de Gabriel, Daniel, que al final del capítulo 8 no comprendía la
visión, podrá, antes de que Gabriel le abandone, comprender plenamente
su significado. 3. Como Daniel atestigua al final del capítulo 8 que no
entendía la visión, es seguro que el encargo dado a Gabriel: "*Haz que éste
comprenda la visión*", seguía pesando sobre él. De ahí que le diga a Daniel:
"Ahora he salido para darte sabiduría y entendimiento", y que en el versículo 23 le ordene que "*entienda la orden* y *entienda la visión*". Esta es una
prueba innegable de que la misión de Gabriel en el capítulo 9 tenía por
objeto explicar lo que omitió en el capítulo 8. Si alguien pide más pruebas,
el hecho de que Gabriel proceda a explicar el punto mismo en cuestión,
satisface plenamente la petición. Ahora demostraremos que lo hace.

EXPLICACIÓN DE GABRIEL SOBRE LA HORA

"Setenta semanas están determinadas sobre tu pueblo y sobre tu santa ciudad, para terminar la prevaricación, y poner fin al pecado, y
expiar la iniquidad, para traer la justicia perdurable, y sellar la visión y
la profecía, y ungir al Santo de los santos. Sabe, pues, y entiende, que,
desde la salida de la orden para restaurar y edificar a Jerusalén hasta
el Mesías Príncipe, habrá siete semanas, y sesenta y dos semanas; se
volverá a edificar la plaza y el muro en tiempos angustiosos. Y después de las sesenta y dos semanas se quitará la vida al Mesías, mas no
por sí; y el pueblo de un príncipe que ha de venir destruirá la ciudad
y el santuario; y su fin será con inundación, y hasta el fin de la guerra
durarán las devastaciones. Y por otra semana confirmará el pacto con
muchos; a la mitad de la semana hará cesar el sacrificio y la ofrenda.

Después con la muchedumbre de las abominaciones vendrá el desolador, hasta que venga la consumación, y lo que está determinado se
derrame sobre el desolador." Daniel 9:24-27.

DETERMINADO, EN EL VERSÍCULO 24, SIGNIFICA CORTADO

"'Setenta semanas están *determinadas*', literalmente *'cortadas'*. Todos
los hebraístas admiten que la palabra determinadas, en nuestra ver-
sión inglesa, significa *'cortadas'*. *Nadie* lo ha discutido" – Josiah LITCH,
Midnight Cry, Vol. 4, núm. 25.

"Así, la autoridad caldeaica y rabínica, y la de las primeras versiones,
la Septuaginta y la Vulgata, dan a este verbo el único significado de
'cortar'. Si se pregunta por qué se le ha atribuido un sentido trópico,
como 'determinar' o 'decretar', se puede responder que la referencia
del versículo (en el que aparece) a Daniel 8:14, no se observó. Por lo
tanto, se suponía que no era apropiado decir "setenta semanas han
sido cortadas", cuando no había ningún otro período del que pudie-
ran haber formado parte. Pero como primero se indica el período
de 2.300 días, y los versículos 21 y 23, comparados con Daniel 8:16,
muestran que el capítulo noveno proporciona una explicación de la
visión en la que Gabriel se apareció a Daniel, y de la 'orden' (el comienzo de los 2.300 días), el significado *literal* (o más bien, para
hablar con propiedad, el *único*) que exige el asunto, es el de *'cortadas'*"
– Prof. WHITING, *Midnight Cry*, Vol. 4, núm. 17.

"Setenta semanas han sido cortadas sobre tu pueblo y sobre tu santa ciudad, para terminar la prevaricación, y poner fin a las ofrendas
por el pecado, y expiar la iniquidad, y traer la justicia eterna, y sellar
la visión y la profecía, y ungir al Santo de los Santos". Daniel 9:24.
– *Traducción de* Whiting.

No deben olvidarse los hechos que se nos exponen en lo anterior, de
Litch y Whiting. 1. La palabra "determinado" (versículo 24) significa literalmente *"cortado"*. 2. *"La visión"* que Gabriel *vino a explicar*, contenía el
período de 2300 días; y en la explicación nos dice que "setenta semanas
han sido cortadas" sobre Jerusalén y los judíos. Esto es una demostración
de que las setenta semanas forman parte de los 2300 días. De ahí que el
comienzo de las setenta semanas sea la fecha de los 2300 días. Y el hecho
de que las setenta semanas se cumplieran en 490 años, como todos admiten, es una demostración de que los 2300 días a partir de los cuales se
cortó este período de 490 días, son 2300 años.

La Cita del Ángel de las Setenta Semanas

Hemos visto que las setenta semanas están separadas de los 2300 días. Por tanto, una vez establecida la fecha de las setenta semanas, tenemos en nuestra mano la clave para descifrar y comprender el cómputo de los días. La fecha para el comienzo de las semanas es dada así por Gabriel: "Sabed, pues, y entended, que, desde la salida de la orden de restaurar y edificar a Jerusalén hasta el Mesías Príncipe, habrá siete semanas, y sesenta y dos semanas; la plaza será reedificada, y el muro en tiempos angustiosos." Daniel 9:25.

Presentamos el siguiente importante testimonio del *Heraldo del Advenimiento*. Es una vindicación serena y desapasionada de las fechas originales, que las establece más allá de toda disputa. Fue escrito en los años 1850 y 1851; y, en consecuencia, no puede suponerse que se diera con el deseo de probar que los días terminaron en 1844, ya que *el* Heraldo no está dispuesto a admitir ese hecho. Por lo tanto, debe considerarse como un testimonio sincero y honorable de hechos importantes. Nadie, que pueda apreciar la fuerza de los argumentos presentados, dejará de percibir que echa por tierra todas las opiniones que se han presentado para reajustar los 2300 días. Para más testimonios, se cita al lector a una obra muy valiosa de S. Bliss, titulada *"Análisis de la Cronología Sagrada"*. *El Heraldo* dice lo siguiente:

> "La Biblia proporciona los datos para un sistema completo de cronología, que se extiende desde la creación hasta el nacimiento de Ciro, una fecha claramente determinada. Desde este período hacia abajo tenemos el Canon indiscutible de Ptolomeo, y la era indudable de Nabonasar, que se extiende por debajo de nuestra era común. En el punto donde nos abandona la cronología inspirada, comienza este Canon de indudable exactitud. Y así se abarca todo el arco. El Canon de Ptolomeo fija el gran período profético de las setenta semanas. Este Canon sitúa el séptimo año de Artajerjes en el año 457 a.C.; y la exactitud del Canon queda demostrada por la coincidencia de más de veinte eclipses. Las setenta semanas datan de la promulgación de un decreto relativo a la restauración de Jerusalén. No hubo decretos entre el séptimo y el vigésimo año de Artajerjes. Los cuatrocientos noventa años, comenzando por el séptimo, deben comenzar en 457 a.C. y terminar en 34 d.C. Empezando por el vigésimo, deben comenzar en el 444 a. C. y terminar en el 47 d. C. Como en el año 47 d.C. no se produjo ningún acontecimiento que señalara su finalización, no podemos contar a partir del vigésimo; por tanto, debemos remitirnos al séptimo de Artajerjes. Esta fecha no podemos cambiarla del 457 a.C.

sin demostrar antes la inexactitud del Canon de Ptolomeo. Para ello, sería necesario demostrar que el gran número de eclipses por los que se ha demostrado repetidamente su exactitud, no han sido calculados correctamente; y tal resultado desestabilizaría todas las fechas cronológicas, y dejaría la determinación de las épocas y el ajuste de las eras enteramente a merced de cada soñador, de modo que la cronología no tendría más valor que el de una mera conjetura. Como las setenta semanas deben terminar en el año 34 d.C., a menos que la séptima de Artajerjes esté fijada erróneamente, y como eso no puede cambiarse sin alguna prueba a tal efecto, preguntamos: ¿Qué prueba marcó esa terminación? El momento en que los apóstoles se volvieron a los gentiles armoniza con ello mejor que cualquier otro que se haya nombrado. Y la crucifixión, en el año 31 d.C., en medio de la última semana, está sostenida por una masa de testimonios que no pueden invalidarse fácilmente." – *Heraldo del Advenimiento*, 2 de marzo de 1850.

"El Salvador solo asistió a cuatro pascuas, en la última de las cuales fue crucificado. Esto no podía hacer que la crucifixión fuera posterior al año 31 d.C., como registra Aurelio Casiodoro, un respetable senador romano, hacia el año 514 d.C.: 'En el consulado de Tiberio César Augusto V. y de Aelio Sejano [U.C. 784, 31 d.C.], nuestro Señor Jesucristo padeció la octava de las calendas de abril'. En este año y en este día, dice el Dr. Hales, coinciden también el Concilio de Cesarea, 196 o 198 d.C., la Crónica Alejandrina, Máximo Monaco, Nicéforo Constantino, Cedreno; y en este año, pero en días diferentes, coinciden Eusebio y Epifanio, seguidos de Kebler, Bucher, Patino y Petavio." – Advent *Herald*, 24 de agosto de 1850.

"Hay ciertos puntos cronológicos que se han *establecido* como *fijos*; y antes de que se pueda hacer que las setenta semanas terminen en un período posterior, éstos deben ser desestabilizados, demostrando que se han fijado sobre *principios erróneos*; y debe asignarse una nueva fecha para su comienzo basada en *principios mejores*. Ahora bien, que el comienzo del reinado de Artajerjes Longimano fue el 464-3 a.C., queda demostrado por la coincidencia de más de veinte eclipses, que se han calculado repetidamente, y que invariablemente han caído en los tiempos especificados. Antes de que pueda demostrarse que el comienzo de su reinado está erróneamente fijado, debe demostrarse primero que todos esos eclipses han sido calculados erróneamente. Nadie lo ha hecho ni se atreverá a hacerlo. Por consiguiente, el comienzo de su reinado no puede ser retirado de ese punto.

"Las setenta semanas deben datar de algún decreto para la restauración de Jerusalén. Solo se nombran dos acontecimientos en el reinado de Artajerjes para el comienzo de esas semanas. Uno es el decreto del séptimo año de su reinado, y el otro, el del vigésimo. A partir de uno de ellos deben contarse esos cuatrocientos noventa años. Como su reinado comenzó 464-3 a.C., su séptimo año debió de ser 458-7 a.C.; y el vigésimo, 445-4 a.C. Si las setenta semanas datan del primero, no pueden terminar más tarde del 34 d.C.; y si datan del segundo, no pueden haber terminado antes del 46-7 d.C.

"Además de las anteriores, sesenta y nueve de las setenta debían extenderse al Mesías Príncipe. No se dice que terminen cuando se le llame Príncipe, ni que empiece a ser Príncipe cuando terminen. Debían prolongarse hasta el MESÍAS; las palabras Príncipe se añadieron para *mostrar quién era* el Mesías. Sesenta y nueve semanas de años son cuatrocientos ochenta y tres años. Comenzando éstas con la séptima de Artajerjes, se extienden hasta el 26-7 d.C.; partiendo de la vigésima, terminan en el 39-40 d.C. ¿Hubo algo en alguno de esos años que hiciera apropiadas las palabras "al Mesías Príncipe"? Cuando Jesús fue bautizado por Juan en el Jordán, se oyó una voz del cielo que reconocía al Salvador como Hijo de Dios, en quien el Padre se complacía. Por consiguiente, era "el Mesías Príncipe", cuya venida había sido predicha. Con ese bautismo, el Salvador comenzó la obra de su ministerio público: el Mesías Príncipe había llegado entonces, como se había predicho que lo haría al final de las sesenta y nueve semanas. Cuando fue reconocido como Hijo de Dios – el Mesías –, fue a Galilea predicando el Evangelio del Reino de Dios y diciendo: *"El tiempo se ha cumplido"*. El tiempo entonces cumplido, debía ser algún período predicho. No había ningún período predicho que pudiera terminar entonces, sino las sesenta y nueve o setenta semanas. ¿Terminó entonces alguna de ellas? Hemos visto que la primera, contada a partir de la séptima de Artxerxes, tal como la fijan los cálculos astronómicos, terminaría en 26-7 d.C.; y el 27 d.C. es el momento preciso en que el Salvador debía de tener unos treinta años, cuando fue bautizado por Juan y declaró cumplido el tiempo. En la primera Pascua a la que asistió el Salvador, que no pudo ser posterior a la primavera de su segundo año, los judíos le dijeron que el templo había estado cuarenta y seis años en construcción: contando hacia atrás cuarenta y seis años desde el 28 d.C., empezaron el 19 a.C., que es el año preciso en que Herodes empezó la obra de reconstrucción del templo. Por el eclipse que marcó la muerte de Herodes, antes del cual había nacido el Salvador, su nacimiento no pudo ser posterior al año 4 a.C., con lo que tendría unos treinta años en el momento mismo de su bautismo por Juan. Semejante coincidencia de testimonios cronológicos, astronómicos e históricos solo puede ser descartada por testimonios aún más concluyentes.

"Tu argumento de que no fue llamado príncipe hasta después de su crucifixión carece de peso; pues los judíos no podrían haber crucificado al 'Príncipe de la vida', como les acusó Pedro, si no fue el Príncipe de la vida hasta después de su crucifixión. Tu argumento sobre la mitad de la semana tampoco viene al caso. Tu crítica solo se refiere a la palabra "mitad". Si quieres demostrar que no significa medio en este caso, debes demostrar primero que la palabra hebrea *chatzi*, que aquí se traduce como medio, del verbo *chatzah*, no tiene tal significado; y que su verbo *no tiene* "un significado *especial* de dividir en dos partes, o partir por la mitad"; y que no tiene "un *sentido general* de dividir en cualquier número de partes iguales", como nos dicen los hebraístas. Hasta que no demuestres esto, no avanzarás en absoluto en la prueba de que no significa "medio". Pero ¿qué debía ocurrir a la mitad de la semana? El "sacrificio y la ofrenda" debían cesar entonces. Esas ordenanzas judías solo podían cesar real o virtualmente. No cesaron realmente hasta el año 70 d.C. Solo cesaron virtualmente en la crucifixión; entonces dejaron de prefigurar el sacrificio ofrecido entonces. ¿Fue en medio de la semana? 3 años y medio desde el 27 d.C. nos llevan a la primavera del 31 d.C., donde el Dr. Hales ha demostrado que tuvo lugar la crucifixión. La semana durante la cual se confirmó el pacto fue aquella en cuya "mitad" cesaron virtualmente el sacrificio y la ofrenda. Por consiguiente, no pudo extenderse más allá del año 34 d.C., la última época a la que podían llegar las setenta semanas desde la séptima de Artajerjes Longimano." – *Heraldo del* Advenimiento, 15 de febrero de 1851.

"Eusebio data la primera mitad de la Semana de la Pasión de años como comenzando con el bautismo de nuestro Señor, y terminando con su crucifixión. El mismo período es registrado con precisión por Pedro, como incluyendo el ministerio *personal* de nuestro Señor: 'todo el tiempo que el Señor Jesús entró y salió entre nosotros, comenzando desde el bautismo de [o por] Juan, hasta el día en que fue tomado de entre nosotros', en su ascensión, que fue solo cuarenta y tres días después de la crucifixión. Hechos 1:21, 22. Y la mitad restante de la Semana de la Pasión terminó con el martirio de Esteban, en el séptimo, o último, año de la semana. Es notable que el año siguiente, 35 d.C., comenzara una nueva era en la Iglesia, a saber, la conversión de Saulo, o Pablo, el apóstol, por la aparición personal de Cristo a él en el camino de Damasco, cuando recibió su misión a los gentiles, después de que el Sanedrín judío hubiera rechazado formalmente a Cristo persiguiendo a sus discípulos. Hechos 9:1-18. Y el resto de los Hechos registra principalmente las circunstancias de su misión a los gentiles y las iglesias que fundó entre ellos" – Dr. Hales, citado en el *Heraldo del Advenimiento*, 2 de marzo de 1850.

El anterior testimonio del *Heraldo* establece los siguientes puntos: 1. El decreto al que se refiere Daniel 9, a partir del cual se fechan las 70 semanas, es el decreto del séptimo de Artajerjes, y no el de su vigésimo año. Esdras 7. Y a este punto consideramos deber adjuntar un extracto del Prof. Whiting:

"Se nos informa en Esdras 7:11: 'Esta es la copia de la carta que el rey Artajerjes dio al sacerdote Esdras, escriba de las palabras de los mandamientos del Señor y de sus estatutos para Israel'. Sigue la carta, escrita no en hebreo, sino en caldeo [o arameo oriental], la lengua que se usaba entonces en Babilonia. En el versículo 27, la narración prosigue en hebreo. Se nos proporciona así el documento original, en virtud del cual Esdras fue autorizado a 'restaurar y edificar Jerusalén'; o, en otras palabras, por el cual fue revestido de poder, no solo para erigir murallas o casas, sino para regular los asuntos de sus compatriotas en general, para 'poner magistrados y jueces que juzguen a todos los pueblos de allende el río'. Se le encomendó hacer cumplir las leyes de su Dios y castigar a los transgresores con la muerte, el destierro, la confiscación o la prisión. Véanse los versículos 23-27. No se encuentra ninguna concesión de poderes tan amplia en el caso de Nehemías, ni en ningún otro caso después del cautiverio. Que el encargo dado a Esdras le autorizaba a proceder a la reconstrucción de los muros de Jerusalén, se desprende del hecho de que en el año veinte de Artajerjes, Nehemías, que se encontraba entonces en la corte persa, recibió información de que 'el resto que había quedado de la cautividad, entonces en la provincia, estaba sumido en gran aflicción y oprobio; el muro de Jerusalén estaba derribado, y sus puertas quemadas por el fuego'. Véase Nehemías 1:1-3. El hecho es que Esdras y sus colaboradores se encontraron con la continua oposición de los samaritanos, de modo que, durante las siete semanas, o cuarenta y nueve años, desde el momento en que subió Esdras hasta el último acto de Nehemías, que obligó a los judíos a repudiar a sus mujeres extranjeras, se cumplió la predicción del profeta: "Se reedificará la plaza y el muro en tiempos angustiosos". Cuando Nehemías llegó a Jerusalén, examinó la ciudad por la noche. El resultado de su examen se expone así, Nehemías 2:13: 'Y salí de noche por la puerta del Valle hacia la fuente del Dragón y a la puerta del Muladar; y observé los muros de Jerusalén que estaban derribados, y sus puertas que estaban consumidas por el fuego'. Es evidente que 'los muros y las puertas' que habían sido destruidos, eran las obras de Esdras. La impropiedad de referir el lenguaje de Nehemías a la destrucción de la ciudad por Nabucodonosor se verá enseguida, si recordamos que la redujo a ruinas en la captura de Sedequías, 588 a.C., ciento cuarenta y cuatro años antes de la época en que Nehemías subió a Jerusalén." – *Escudo de* Advenimiento, n.º 1, Artículo, Cronología profética, páginas 105-6.

Que Esdras comprendió que se le confería poder a él y al pueblo de Israel para reconstruir la calle de Jerusalén y la muralla, es seguro por su propio testimonio registrado en el capítulo 9:9. 2. El segundo punto de las pruebas que ha aducido *el Heraldo* es el siguiente: el año séptimo de Artajerjes, a partir del cual está fechado el decreto, está fijado indiscutiblemente en el año 457 a.C. 3. 3. El comienzo del ministerio de Cristo en el año 27 d.C. está claramente establecido, ya que solo transcurrieron 69 semanas o 483 días proféticos desde el decreto del año 457 a.C. 4. Se demuestra que la crucifixión en medio de la semana tuvo lugar en la primavera del año 31 d.C., a solo tres años y medio del comienzo del ministerio de Cristo. 5. Y se demuestra además que los tres años y medio restantes de la septuagésima semana terminaron en el otoño del año 34 d.C. Aquí se cierran las setenta semanas, que habían sido cortadas a los judíos, en las que debían "terminar la transgresión", con el acto del Sanedrín judío de rechazar formalmente a Cristo persiguiendo a sus discípulos, y Dios da al gran apóstol de los gentiles su comisión para con ellos. Hechos 9.

Estas importantes fechas están clara e inequívocamente establecidas por testimonios históricos, cronológicos y astronómicos. Sesenta y nueve de las setenta semanas desde el decreto del año 457 a.C. terminaron en el año 27 d.C., cuando nuestro Señor fue bautizado y comenzó a predicar, diciendo: "El tiempo se ha cumplido." Marcos 1. Transcurridos tres años y medio desde entonces hasta la mitad de la semana del año 31 d.C., el período de las 70 semanas termina en el otoño del año 34 d.C. O, para ser más precisos, los primeros tres años y medio de la septuagésima semana terminaron en el primer mes judío (abril) de la primavera del año 31 d.C. Los tres años y medio restantes terminarían, por tanto, en el séptimo mes, otoño del año 34 d.C.

Aquí nos encontramos, pues, al final del gran período que Gabriel, al explicar los 2300 días a Daniel, le dice que fue cortado sobre Jerusalén y los judíos. Su comienzo, sus fechas intermedias y su terminación final están inequívocamente establecidos. Queda, pues, por señalar este gran hecho: los primeros 490 años de los 2300 terminaron en el séptimo mes, otoño del año 34 d.C. Una vez separado este período de 490 años de los 2300, queda un período de 1810 años. Este período de 1810 años, sumado al séptimo mes, otoño del 34 d.C., nos lleva al séptimo mes, otoño de 1844. Y aquí, después de todos los esfuerzos que se han hecho para eliminar las fechas, todos se ven obligados a dejarlas en pie. Volvamos por un momento a los acontecimientos de 1843 y 1844. Antes del año 1843, se habían expuesto clara y fielmente las pruebas sobre la promulgación del decreto en 457 a.C. Y como el período de 457 años antes de Cristo, restado de los 2300, no dejaría más que 1843 años después de Cristo, el final de los 2300 años se esperaba con confianza en 1843. Pero si los 2300 años comenzaron con el inicio del año 457 a.C., no terminarían hasta el último día del año 1843 d.C., ya que se necesitarían todos los años 457 y todos los años 1843 para *completar los* 2300 años.

Pero a finales de 1843, se vio claramente que, como la crucifixión ocurrió a mitad de la semana, en la primavera del año 31 d.C., el resto de la septuagésima semana, es decir: tres años y medio, terminaría en el otoño del año 34 d.C. Y como las setenta semanas, o 490 años, terminaron en el séptimo mes, otoño del año 34 d.C., es un hecho probado que los días no empezaron en primavera, con la salida de Esdras de Babilonia, sino en otoño, con el comienzo de la obra en Jerusalén. Esdras 7. Y esta opinión de que los días comienzan con el inicio real de la obra, se ve muy reforzada por el hecho de que las primeras siete semanas, o 49 años, están manifiestamente asignadas a la obra de restauración en "tiempos angustiosos". Y ese período solo podía comenzar con el inicio real de la obra. Daniel 9:25.

Cuando se vio que solo habían transcurrido 456 años y una fracción antes de Cristo, se comprendió enseguida que se necesitaban 1843 años y una porción de 1844, suficientes para constituir un año completo cuando se unieran a esa fracción, a fin de hacer 2300 años completos. En otras palabras, los 2300 días de tiempo completo expirarían en el séptimo mes, 1844. Y si tenemos en cuenta el hecho de que la *mitad* de la septuagésima semana era el decimocuarto día del primer mes y, por consiguiente, el *final* de las setenta semanas debía situarse en un punto correspondiente del séptimo mes, el año 34 d.C., percibimos enseguida que el resto de los 2300 días terminaría aproximadamente en ese punto del séptimo mes de 1844.

Fue con este gran hecho ante nosotros, que los 2300 días de Daniel, que llegaban hasta la purificación del santuario, terminarían en ese momento, y también con la luz de los tipos, que el sumo sacerdote en "el ejemplo y sombra de las cosas celestiales", el décimo día del séptimo mes, entró dentro del segundo velo para purificar el santuario, que esperamos confiadamente el advenimiento de nuestro Redentor en el séptimo mes, 1844. La profecía decía: "Entonces será purificado el santuario". El tipo decía que en esa estación del año el sumo sacerdote debía pasar del lugar santo del tabernáculo terrenal al santísimo, para purificar el santuario. Levítico 16.

Con estos hechos ante nosotros razonamos como sigue: 1. El santuario es la tierra, o la tierra de Palestina. 2. La purificación del santuario es el incendio de la tierra, o la purificación de Palestina, en la venida de Cristo. 3. Y, por tanto, concluimos que nuestro gran Sumo Sacerdote abandonaría el tabernáculo de Dios en el Cielo y descendería en llamas de fuego, el décimo día del séptimo mes, en el otoño de 1844.

Huelga decir que nos sentimos dolorosamente decepcionados. Y, aunque no vive el hombre que pueda derribar el argumento cronológico, que da por terminados los 2300 días en ese momento, o hacer frente a la poderosa serie de pruebas con las que se fortalece y sostiene, sin embargo, multitudes, sin detenerse a preguntar si nuestras concepciones del santuario y de su limpieza eran correctas o no, han negado abiertamente la agencia de Jehová en el movimiento del Advenimiento, y lo han declarado obra del hombre.

Una Posición Inexplicable

La posición de aquellos adventistas que han intentado reajustar los 2300 días, con el fin de extenderlos a algún período futuro en el que Palestina debería ser purificada, o la tierra quemada, ha sido, por decir lo menos, extremadamente embarazosa. En el *Heraldo* del 28 de diciembre de 1850, Josiah Litch comenta lo siguiente:

"Cronológicamente, *el período ha llegado a su fin*, según la mejor luz que puede obtenerse sobre el tema; y no puedo decidir dónde está la discrepancia. Pero de esto sabremos más a su debido tiempo.

"'Dios es su propio intérprete y lo aclarará'".

Pero no pudiendo mantener por más tiempo una posición negando la terminación de los 2300 años en el pasado, mientras al mismo tiempo exponían una vindicación incontestable de las fechas originales para el comienzo del período, el *Heraldo* ha *negado* al *fin* la *conexión* entre las 70 semanas y los 2300 días. Escribimos esto con profundo pesar. Un corresponsal hace las siguientes preguntas, y el Editor del *Heraldo* da las respuestas, que figuran entre paréntesis:

"En vuestra 'cronología' la cruz se sitúa en el año 31 d.C. ¿Cuáles son las principales objeciones que se oponen a que se sitúe en el año 39 d.C.? [Respuesta 1. La ausencia de pruebas que la sitúen allí. 2. La contradicción con las maravillosas coincidencias astronómicas, cronológicas e históricas que demuestran, más allá de toda controversia, que el séptimo de Artajerjes fue el 457-8 a.C., que el nacimiento de Cristo fue el 4-5 a.C., que el trigésimo año de Cristo fue 483 años después del séptimo de Artajerjes, que la crucifixión tuvo lugar el 31 d.C. y que ése era el momento de la última semana en que debían cesar el sacrificio y la ofrenda].

"Si las setenta semanas de Daniel 9 no comienzan en el año veinte de Artajerjes, ¿cómo es posible que los 2300 días comiencen al mismo tiempo que ellas y, sin embargo, terminen en el futuro? [¿No debemos considerar a partir de ahora que tienen puntos de partida diferentes? [Respuesta: sí] – Advent *Herald*, 22 de mayo de 1852.

A que esto es una grave desviación de la "fe adventista original", responde lo siguiente, que una vez formó parte de una nota permanente en los periódicos adventistas, bajo el título de "Puntos de diferencia entre nosotros y nuestros adversarios":

"Afirmamos que el noveno capítulo de Daniel es un apéndice del octavo, y que las setenta semanas y los 2300 días o años comienzan juntos. *Nuestros adversarios lo niegan*". – Señales *de los Tiempos*, 1843.

"El gran principio implicado en la interpretación de los 2300 días de Daniel 8:14, es que las 70 semanas de Daniel 9:24, son los primeros 490 días de los 2300, del octavo capítulo." – *Escudo* del Adventismo, página 49. Artículo, *Auge y progreso del adventismo*.

Si no es una grave defección de la fe adventista original negar "el gran principio implicado en la interpretación de los 2300 días de Daniel 8", y en su lugar adoptar la posición de "nuestros oponentes", entonces erramos grandemente. Escucha la opinión de Apollos Hale en 1846:

"El segundo punto que hay que resolver, al explicar el texto [Daniel 9:24], es mostrar qué visión es la que se dice que sellan las 70 semanas. Y debe entenderse que esto implica una de las grandes cuestiones que constituyen los pilares principales de nuestro sistema de interpretación, en lo que se refiere a los tiempos proféticos. Si la conexión entre las 70 semanas de Daniel 9 y los 2300 días de Daniel 8 no existe, todo el sistema se tambalea hasta sus cimientos; si existe, como suponemos, el sistema debe mantenerse" – Armonía de la *Cronología Profética*, página 33.

Entonces, el acto de los que niegan la conexión de las 70 semanas y los 2300 días es de carácter temible. Es una negación de "uno de los pilares principales de nuestro sistema de interpretación en lo que se refiere a los tiempos proféticos". Si la conexión entre las 70 semanas de Daniel 9 y los 2300 días de Daniel 8 no existe, *todo el sistema se tambalea hasta sus cimientos*". Y ahora, lector, ¿quieres escuchar sus razones para negar la conexión entre esos dos períodos, que como hemos visto está fortificada por una masa de testimonios directos? Son las siguientes:

"No tenemos ninguna luz nueva respecto a la conexión entre las 70 semanas y los 2300 días. *El único* argumento contra su conexión es el paso del tiempo. Por qué ha pasado, es un misterio para nosotros, que esperamos nos sea revelado"– Advent *Herald*, 7 de septiembre de 1850. "Antes de 1843, nos convencimos de la validez de los argumentos que sostenían su conexión e inicio simultáneo. No ha ocurrido nada que debilite la fuerza de esos argumentos, salvo el paso del tiempo que esperábamos para su terminación. Ahora no tenemos ningún otro hecho que oponer a su conexión y, por tanto, solo podemos esperar a que se explique el misterio del paso del tiempo. Pero en cuanto al comienzo y la terminación de las setenta semanas, estamos satisfechos de que no puedan ser apartadas de la posición que los protestantes siempre les han asignado"– Heraldo del Advenimiento, 22 de febrero de 1851. En su lugar apropiado, ofrecimos un testimonio concluyente para probar la conexión de las 70 semanas y los 2300 días. Y se somete al juicio del lector si las razones ofrecidas para refutar esa conexión tienen o no peso. Se verá que surgen de la supuesta corrección de la opinión de que la tierra, o la tierra de Canaán, es el santuario, y que la purificación del santuario es la quema de la tierra, o la purificación de Palestina en la venida de Cristo. Antes de que el lector adopte la conclusión de que las 70 semanas, que Gabriel dice que fueron "cortadas", no forman parte del gran período contenido en la visión que estaba explicando a Daniel, le rogamos que nos siga en la indagación: ¿Qué es el santuario y cómo ha de ser purificado? Esto lo averiguaremos en seguida y, al hacerlo, tal vez descubramos la causa de nuestra decepción.

HAY DOS "DESOLACIONES" EN DANIEL 8.—Este hecho lo deja tan claro Josiah Litch que presentamos sus palabras:

> "'El *sacrificio* diario' es la lectura actual del texto inglés. Pero en el original no aparece tal *sacrificio*. Esto lo reconocen todos. Es una glosa o construcción de los traductores. La verdadera lectura es: 'el continuo y la transgresión de la desolación'; el continuo y la transgresión están unidos por 'y'; la *desolación continua* y la *transgresión de la desolación*. Se trata de dos poderes desoladores, que iban a desolar el santuario y el ejército." – *Exposiciones Prof*éticas, Vol. 1, página 127.

Está claro que el santuario y el ejército iban a ser pisoteados por el diario y la transgresión de la desolación. La lectura atenta del versículo 13 aclara este punto. Y este hecho establece otro, a saber: que estas dos desolaciones son las *dos grandes formas* bajo las cuales Satanás ha intentado derribar el culto y la causa de Jehová. Las observaciones del Sr. Miller sobre el significado de estos dos términos, y el curso que él mismo siguió para averiguar dicho significado, se presentan bajo el siguiente epígrafe:

Las dos Desolaciones son el Paganismo y el Papado

"Seguí leyendo y no pude encontrar ningún otro caso en el que se encontrara [el continuo], excepto en Daniel. Entonces [con la ayuda de una concordancia] tomé las palabras que estaban en relación con él, 'quitar'; 'quitará', 'el continuo'; 'desde el momento en que el continuo será quitado', etc. Seguí leyendo y pensé que no encontraría ninguna luz en el texto; finalmente, llegué a 2 Tesalonicenses 2:7, 8. Porque ya está obrando el misterio de la iniquidad; solo que el que ahora deja, dejará hasta que sea quitado de en medio, y entonces se manifestará el inicuo', etc. Y cuando llegué a ese texto, ¡oh! ¡cuán clara y gloriosa apareció la verdad! ¡Ahí está! Eso es "el continuo". Ahora bien, ¿qué quiere decir Pablo con 'el que ahora deja' u oculta? Con "el hombre de pecado" y "el impío" se refiere al papismo. Pues bien, ¿qué es lo que impide que el papismo sea revelado? Pues, es el paganismo; entonces, 'el continuo' debe significar paganismo." – Segundo *Manual de Advenimiento*, página 66.

No hace falta argumentar para demostrar que las dos grandes formas de oposición, mediante las cuales Satanás ha desolado a la Iglesia y ha pisoteado el santuario del Dios vivo, no son otras que el paganismo y el papismo. También es un punto claro que el cambio de una de estas desolaciones a la otra se produjo bajo el poder romano. El paganismo, desde los días de los reyes de Asiria hasta el período en que se modificó tanto que tomó el nombre de papismo, había sido la desolación diaria (o, como lo traduce el Prof. Whiting, "continua") con la que Satanás se había levantado contra la causa de Jehová. Y, ciertamente, en sus sacerdotes, sus altares y sus sacrificios, tenía semejanza con la forma levítica del culto de Jehová. Cuando la forma cristiana de culto ocupó el lugar de la levítica, se hizo necesario un *cambio* en la forma de oposición de Satanás y en su culto falso, si quería oponerse con éxito al culto del gran Dios. Y es a la luz de estos hechos como podemos comprender la referencia de nuestro Señor a la abominación de la desolación en Mateo 24:15. Es evidente que allí cita Daniel 9:26, 27. Ahora bien, aunque no entendemos que el paganismo en el año 70 hubiera dado lugar al papismo, sí entendemos que ese mismo poder que entonces apareció, modificado algo en nombre y forma, era el mismo poder que, como abominación desoladora, desgastaría a los santos del Altísimo.

El lenguaje de Pablo va al grano: "Porque el misterio de la iniquidad [el papismo] *ya obra*; solo que el que ahora deja, dejará hasta que sea quitado de en medio. Y entonces se manifestará aquel inicuo, a quien el Señor consumirá con el Espíritu de su boca, y destruirá con el resplandor de su venida". 2 Tesalonicenses 2:7, 8. Que Pablo se refiere al paganismo y al papismo, nadie lo pone en duda. Y aquí hay una prueba directa de que el papismo, la abominación desoladora, ya había empezado a actuar en tiempos de Pablo. Tampoco fue un gran cambio de carácter cuando Satanás transformó su culto falso de paganismo en papismo. Los mismos templos, altares, incienso, sacerdotes y adoradores estaban dispuestos, con pocos cambios, a servir como apéndices de la abominación papal. El estatuto de Júpiter cambió fácilmente por el de Pedro, el príncipe de los apóstoles; y el Panteón, que había sido el templo de todos los dioses, se convirtió sin dificultad en el santuario de todos los santos. Así, la misma abominación que desoló Jerusalén, en cierto modo cambiada y modificada, se convirtió en la maravillosa desoladora de los santos y mártires de Jesús. Y en su supuesto templo de Dios, puso en ruinas y pisoteó el verdadero templo de Jehová, y a aquel que es su ministro, Jesucristo. El cambio del paganismo al papismo se muestra claramente en la visión que tiene Juan de la transferencia de poder del dragón de Apocalipsis 12 a la bestia de Apocalipsis 13. Y que son esencialmente lo mismo. Y que son esencialmente la misma cosa, es evidente por el hecho de que tanto el dragón como la bestia están representados con *las* siete cabezas; mostrando así que, en cierto sentido, puede entenderse que cualquiera de los dos abarca todo el tiempo. Y en el mismo sentido entendemos que cualquiera de las dos abominaciones abarca todo el período. La referencia de Cristo a la abominación desoladora (Mateo 24:15; Lucas 21:20) es una demostración absoluta de que Roma es el cuerno pequeño de Daniel 8:9-12. Habiendo demostrado que hay dos desolaciones, por las que son pisoteados el santuario y el ejército, observamos ahora el hecho de que hay

Dos Santuarios Opuestos en Daniel 8

Para el lector atento, este hecho aparecerá de inmediato. Son los siguientes: En primer lugar, el santuario de la desolación continua. Versículo 11; 11:31. Segundo, el santuario que el día y la transgresión de la desolación habían de hollar. Versículos 13, 14. El uno es el santuario de Satanás; el otro es el santuario del Señor de los ejércitos. El uno es la morada de "todos los dioses"; el otro es la morada del único Dios vivo y verdadero. Si se dice que un santuario nunca está relacionado con el culto pagano e idólatra, citamos el testimonio directo de la Biblia. El pagano Moab tenía un santuario. Y ese santuario era un lugar de oración y adoración para esa nación pagana. Isaías 16:12. La capilla erigida por el rey de Israel en Betel, como rival del templo de Dios en Jerusalén (1 Reyes 12:27, 31-33) se llamaba su santuario. Amós 7:13, margen. Y los lugares en que adoraba el Israel idólatra (las diez tribus) se llamaban santuarios. Amós 7:9. Lo mismo ocurre con la idólatra Tiro. Ezequiel 28:18. Se llama la atención sobre lo siguiente de Apolos Hale:

> "¿Qué puede entenderse por 'santuario' del paganismo? El paganismo, y el error de todo tipo, tienen sus santuarios al igual que la verdad. Son los templos o asilos consagrados a su servicio. Puede suponerse, pues, que aquí se habla de algún templo particular y renombrado del paganismo. ¿Cuál de sus numerosos y distinguidos templos puede ser? Uno de los ejemplares más magníficos de la arquitectura clásica se llama Panteón. Su nombre significa *"el templo o asilo de todos los dioses"*. El "lugar" donde se encuentra es Roma. Los ídolos de las naciones conquistadas por los romanos fueron depositados sagradamente en algún nicho o apartamento de este templo, y en muchos casos se convirtieron en objetos de culto de los propios romanos. ¿Podríamos encontrar un templo del paganismo que fuera más llamativamente *"su santuario"*? ¿Roma, la ciudad o lugar del Panteón, fue 'derribada' por la autoridad del Estado? Lee los siguientes hechos conocidos y notables de la historia: 'La muerte del último rival de Constantino había sellado la paz del imperio. Roma volvía a ser la reina indiscutible de las naciones. Pero, en la hora de la elevación y el esplendor, había sido elevada al borde de un precipicio. Su siguiente paso iba a ser *descendente* e *irrecuperable*. El cambio del gobierno a Constantinopla sigue dejando perplejo al historiador. Constantino *abandonó Roma*, la gran ciudadela y trono de los Césares, por un oscuro rincón de Tracia, y dedicó el resto de su vigorosa y ambiciosa vida a la doble tarea de convertir una colonia en la capital de su imperio *y degradar la capital a los débiles honores y humillada fuerza de una colonia"*.

Y no solo se apoderó Satanás de un rival del santuario de Jehová en el período del culto pagano, sino que, a lo largo de la dispensación cristiana, ese archienemigo ha poseído un templo rival de Dios. 2 Tesalonicenses 2:4. Hasta aquí el santuario rival de Satanás. Queda por examinar detenidamente el santuario de Dios. En relación con estos dos santuarios.

HAY DOS EJÉRCITOS EN DANIEL 8:9-13.

El uno es el ejército que fue dado al cuerno pequeño contra el continuo, cuando hubo llenado su medida de transgresión; y con la ayuda de este ejército, el cuerno pequeño pudo derribar la verdad. Versículo 12. Este ejército se menciona en Daniel 11:31. Por medio de esta hueste, el santuario de la desolación diaria y sus servicios fueron transferidos a la transgresión o abominación de la desolación. Este ejército son las fuerzas de Satanás, y está íntimamente asociado con su santuario. El otro ejército es "el ejército del cielo". Versículo 10. Miguel es el Príncipe de este ejército. Daniel 10:21. Contra el Príncipe de este ejército se levanta el cuerno pequeño. Versículos 11, 25. (El Prof. Whiting observa que, en el original, "Príncipe del ejército" aparece en Josué 5:14) Nadie discute que el ejército, del que Miguel (Cristo) es Príncipe, es la Iglesia del Dios vivo. Daniel 12:1. Esta hueste, la verdadera iglesia, está representada adecuadamente por un olivo verde. Jeremías 11:15-17. Y cuando algunas de las ramas (miembros de la iglesia judía) fueron desgajadas por incredulidad, otras fueron injertadas de entre los gentiles, y así sigue existiendo la hueste. Romanos 11:17-20. Esta hueste, o iglesia, son los adoradores de Dios, y está íntimamente relacionada con su santuario. Ese santuario estamos dispuestos a considerarlo ahora.

¿QUÉ ES EL SANTUARIO DE DIOS?

Antes de responder a esta pregunta, presentamos la definición de la palabra santuario: "Un lugar sagrado" – Walker. "Un lugar sagrado" – Webster. "Lugar santo o santificado, morada del Altísimo" – Cruden. Una morada para Dios. Éxodo 25:8. Hasta aquí el significado de la palabra. Ahora preguntamos por su aplicación.

¿ES LA TIERRA EL SANTUARIO?—A esta pregunta respondemos rotundamente: *No lo es*. Y si se nos pide *que demostremos una negativa*, ofrecemos las siguientes razones: 1. La palabra santuario se utiliza 145 veces en la Biblia, y no se aplica ni una sola vez a la Tierra. Por tanto, no hay ninguna autoridad para esta opinión, salvo la del hombre. 2. Todo el mundo sabe que la tierra no es ni morada de Dios, ni lugar santo o sagrado. Por tanto, quienes afirman que es el santuario de Dios, deberían saber que no deben hacer semejante afirmación. 3. En casi todos los casos en que aparece la palabra santuario en la Biblia (y casi todas las excepciones se refieren al santuario rival de Satanás) se refiere directamente a otro objeto definido que Dios llama su santuario. Por eso, quienes enseñan que la tierra es el santuario del Señor de los ejércitos, contradicen su testimonio positivo cien veces repetido. En beneficio de los que piensan que la tierra se convertirá en el santuario después de haber sido limpiada por el fuego, añadimos que Dios ni siquiera entonces la llama su santuario, sino simplemente "el *lugar*" de su ubicación. Isaías 60:13; Ezequiel 37:26-28; Apocalipsis 21:1-3. La tierra, pues, no es el santuario, sino simplemente el *lugar* donde se ubicará en lo sucesivo.

¿Es la Iglesia el Santuario?—Respondemos: No lo es. Las siguientes razones apoyan esta respuesta: 1. La Biblia nunca llama santuario a la Iglesia. 2. En un gran número de textos, Dios ha llamado a otro objeto su santuario, y ha asociado uniformemente a la Iglesia con ese objeto, como los adoradores; y a ese santuario mismo, como el lugar de ese culto, o hacia el que se dirigía su oración. Salmo 20:2; 28:2, margen; 29:2, margen; 63:2; 68:24; 73:17; 134:2; 150:1; 5:7. 3. La siguiente *inferencia* es *todo lo* que hemos visto que se argumenta a favor de este punto de vista. Dios ha llamado muchas veces al tabernáculo o al templo, que son los modelos de lo verdadero, su santuario. Y como la Iglesia es llamada espiritualmente el templo de Dios, algunos han supuesto que tenían libertad para llamar a la Iglesia el santuario. 4. Pero hay un texto que algunos pueden insistir. Es el siguiente: "Cuando Israel salió de Egipto, la casa de Jacob de un pueblo de lengua extraña; Judá fue su santuario, e Israel su señorío". Salmo 114:1, 2. Pero, a lo sumo, esto solo probaría que una de las doce tribus era el santuario, y que toda la Iglesia no lo era. Pero si se recuerda el hecho de que Dios eligió Jerusalén (2 Crónicas 6:6), que estaba en Judá (Josué 15:63; Jueces 1:8; Zacarías 1:12; Esdras 1:3), como lugar de su santuario (1 Crónicas 28:9, 10; 2 Crónicas 3:1), creemos que lo que sigue de otro salmo explicará plenamente la conexión entre Judá y el santuario de Dios, y demostrará que Judá era la tribu con la que Dios quiso situar su morada: "Pero eligió la tribu de Judá, el monte de Sión que amaba. Y edificó su santuario como altos palacios [ver 1 Crónicas 29:1], como la tierra que ha establecido para siempre". Salmo 78:68, 69. 5. Pero si se pudiera aducir un solo texto para probar que la iglesia se llama santuario, el siguiente hecho evidente probaría más allá de toda controversia que no es el santuario de Daniel 8:13, 14. La Iglesia está representada en Daniel 8:13 por la palabra "ejército". Nadie negará esto. "Para que *tanto* el santuario como el ejército sean pisoteados". Luego la iglesia y el santuario son dos cosas. La iglesia es la hueste o los adoradores; el santuario es el lugar de ese culto, o el lugar hacia el que se dirige.

¿Es la Tierra de Canaán el Santuario?—De las 145 veces que aparece la palabra santuario en la Biblia, solo dos o tres textos han sido presentados, con cierto grado de confianza, como referidos a la tierra de Canaán. Sin embargo, y por extraño que parezca, se ha afirmado que el supuesto significado de estos dos o tres textos debería determinar el significado de la palabra en Daniel 8:13, 14, ¡en contra del claro testimonio de más de cien textos! Pues nadie puede negar que en casi todos los casos en que aparece la palabra, se refiere directamente al tabernáculo típico, o bien al verdadero, del que éste no era sino la figura o el modelo. Pero ahora nos preguntamos si los dos o tres textos en cuestión aplican realmente la palabra santuario a la tierra de Canaán. Se leen como sigue: "Los introducirás y los plantarás en el monte de tu heredad, en el lugar, oh, Señor, que has hecho para que tú habites; en el santuario, oh Señor, que tus manos han establecido". Éxodo 15:17. "Y los condujo con seguridad, de modo que no temieron; pero el mar abrumó a sus enemigos. Y los llevó a los límites de su santuario, a este monte que había adquirido su diestra." "Y edificó su santuario como altos palacios, como la tierra que ha establecido para siempre". Salmo 78:53, 54, 69.

El primero de estos textos, como se verá, está tomado del cántico de Moisés, después del paso del Mar Rojo. Es una predicción de lo que Dios haría por Israel. El segundo texto fue escrito unos quinientos años después del cántico de Moisés. Lo que Moisés pronuncia como *predicción*, el salmista lo recoge como *hecho histórico*. De ahí que el salmo sea un *comentario inspirado* sobre el cántico de Moisés. Si se lee el primer texto sin el otro, podría deducirse que la montaña era el santuario, aunque no lo afirma directamente. Del mismo modo que se podría llegar a la idea de que la tribu de Judá era el monte de Sión, si se leyera solo la expresión "sino que escogió a la tribu de Judá, el monte de Sión que amaba" (Salmo 78:68), y se omitieran los textos que nos informan de que el monte de Sión era la ciudad de David, una parte de Jerusalén (2 Samuel 5:6, 7), y estaba *situada en Judá*, como una de sus ciudades. Esdras 1:3; Salmo 69:35.

Pero si se lee el segundo texto en relación con el primero, se destruye la posibilidad de tal inferencia. El salmista afirma que el monte de la heredad era el límite del santuario. Y que Dios, *después de* expulsar a los paganos ante su pueblo, procedió *a construir su santuario* como altos palacios. Véase 1 Crónicas 29:1. 1. La tierra de Canaán era el monte de la heredad. Éxodo 15:17. 2. El monte de la *frontera* del santuario. Salmo 78:54. 3. En ese límite *edificó* Dios su santuario. Salmo 78:69. 4. En ese santuario habitó Dios. Salmo 74:7; Éxodo 25:8. 5. En aquella frontera habitaba el pueblo. Salmo 78:54, 55. Estos hechos demuestran que el mismo Espíritu movió a esos dos "santos hombres de la antigüedad". Estos textos armonizan perfectamente, no solo entre sí, sino con todo el testimonio de la Biblia, respecto al santuario. Si el lector aún persiste en confundir el santuario con su frontera, la tierra de Canaán, le rogamos que escuche mientras un rey de Judá señala la distinción:

> "¿No eres tú nuestro Dios, que expulsaste a los habitantes de *esta tierra* delante de tu pueblo Israel, y la diste a la descendencia de Abraham tu amigo para siempre? Ellos habitaron *en ella* y te edificaron *en ella* un *santuario* a tu nombre, diciendo: Si cuando nos sobrevenga el mal, como la espada, el juicio, la peste o el hambre, nos presentamos ante esta *casa* y en tu presencia (pues tu nombre está en esta *casa*), y clamamos a ti en nuestra aflicción, tú nos oirás y nos ayudarás." 2 Crónicas 20:7-9.

Este lenguaje es un perfecto paralelo al del Salmo 78:54, 55, 69. Señala de la manera más clara la distinción entre la tierra de Canaán y el santuario que se construyó en ella; y enseña claramente que ese santuario era la casa erigida como morada de Dios. Pero hay otro texto con el que algunos intentan probar que Canaán es el santuario. "El pueblo de tu santidad lo ha poseído por poco tiempo; nuestros adversarios han hollado tu santuario". Isaías 63:18. Nadie ofrece esto como testimonio directo. Como solo se trata de una inferencia, bastan unas palabras. 1. Cuando el pueblo de la santidad de Dios fue expulsado de la tierra de Canaán (como predice aquí el profeta, que utiliza el tiempo pasado para el futuro), no solo fue desposeído de su herencia, sino que el santuario de Dios, construido en aquella tierra, quedó en ruinas. Esto se afirma claramente en 2 Crónicas 36:17-20. 2. El capítulo siguiente atestigua que el profeta tuvo una visión de la destrucción del santuario de Dios, como se afirma en el texto citado de 2 Crónicas. Esto explica todo el asunto. Isaías 64:10, 11; Salmo 74:3, 7; 79:1.

A algunas mentes se les puede ocurrir un cuarto texto como prueba concluyente de que Canaán es el santuario. Lo presentamos, pues es el único que se ha aducido en apoyo de esta opinión. "La gloria del Líbano vendrá a ti, el abeto, el pino y el boj juntos, para embellecer el lugar de mi santuario; y haré glorioso el lugar de mis pies". Isaías 60:13. Este texto necesita pocos comentarios. El lugar del santuario de Dios, lo admitimos plenamente, es la tierra de Canaán, o la tierra nueva, pues Isaías se refiere al estado glorificado. Y como Dios ha prometido establecer su santuario en ese lugar (Ezequiel 37:25-28), el sentido del texto es perfectamente claro. Pero si alguien sigue afirmando que el lugar del santuario es el santuario mismo, que advierta que el mismo texto llama al mismo "lugar" el lugar de los pies del Señor; y, por tanto, el mismo principio haría de la tierra de Canaán los pies del Señor. El punto de vista de que Canaán es el santuario es demasiado absurdo para que sea necesario comentarlo. Y aunque fuera un santuario, ni siquiera entonces sería el santuario de Daniel; pues el profeta tenía su mirada puesta en la morada de Dios. Daniel 9. Canaán solo era el lugar del santuario o morada de Dios.

Hemos descubierto que la tierra no es el santuario, sino simplemente el territorio donde finalmente se ubicará; que la iglesia no es el santuario, sino simplemente los adoradores relacionados con el santuario; y que la tierra de Canaán no es el santuario, sino que es el lugar donde se ubicó el santuario típico. Ahora preguntamos por el santuario mismo.

VISIÓN BÍBLICA DEL SANTUARIO

El santuario de la Biblia es la morada de Dios. Incluye, en primer lugar, el tabernáculo erigido por el hombre, que era el modelo del verdadero; y, en segundo lugar, el verdadero tabernáculo que erigió el Señor y no el hombre. El tabernáculo erigido por el hombre, como modelo del verdadero, abarcaba, primero, el tabernáculo de Moisés; segundo, el templo de Salomón; y, tercero, el templo de Zorobabel. El verdadero tabernáculo de Dios es el gran original del que Moisés, Salomón y Zorobabel erigieron "figuras", "patrones" o "imágenes". Rastreamos el modelo del verdadero desde el momento en que fue erigido por Moisés, hasta que se fundió en el modelo más grande y glorioso que Salomón hizo establecer. Rastreamos este edificio hasta el período en que fue derribado por Nabucodonosor y quedó en ruinas durante el cautiverio babilónico. Y desde el momento en que Zorobabel reconstruyó el santuario, trazamos la historia del modelo hasta llegar al verdadero tabernáculo, el gran santuario de Jehová. Trazamos la historia del tabernáculo desde el momento en que nuestro Señor entró en él para ministrar en "los lugares santos" por nosotros, hasta el momento en que estará situado en la Tierra Nueva, cuando el tabernáculo y el santuario de Dios estén con su pueblo para siempre. Estamos rodeados de una gran nube de testigos. A la ley y al testimonio. Recogemos nuestra primera instrucción respecto al santuario del libro del Éxodo. En el capítulo 24, aprendemos que Moisés subió a la nube que envolvía al Dios de Israel, en el monte Sinaí, y que estuvo allí cuarenta días. Fue durante este período cuando se explicó a Moisés la construcción del santuario y se le mostró el modelo del mismo en aquel monte. Hebreos 8:5. El capítulo siguiente comienza con

El Mandamiento de Erigir el Santuario.—"Y Jehová habló a Moisés, diciendo: Habla a los hijos de Israel para que me traigan una ofrenda; de todo hombre que la ofrezca de buena gana y de corazón, tomaréis mi ofrenda. Esta es la ofrenda que tomaréis de ellos: oro, plata, bronce, azul, púrpura, carmesí, lino fino, pelo de cabra, pieles de carnero teñidas de rojo, pieles de tejón, madera de acacia, aceite para la luminaria, especias para el aceite de la unción y para el incienso aromático, piedras de ónice y piedras para engastar en el efod y en el pectoral. Y que me hagan un santuario, para que yo habite en medio de ellos. Conforme a todo lo que yo te muestre, según el modelo del tabernáculo y el modelo de todos sus instrumentos, así lo haréis." Éxodo 25:1-9.

Aquí hemos aprendido varios hechos importantes: 1. El santuario era la morada de Dios. Fue erigido con este propósito expreso, para que Dios pudiera habitar entre su pueblo. Y Moisés tenía su mirada puesta en esta morada, o santuario, en ese mismo capítulo en el que algunos suponen que enseña que la tierra de Canaán es el santuario. "Él es mi Dios", dice Moisés, "y yo le prepararé una morada". Cap. 15:2. Está claro que, ya entonces, Moisés comprendió la diferencia entre la morada de Jehová y el lugar de su emplazamiento. 2. El santuario que Dios mandó erigir a Moisés era el tabernáculo. El tabernáculo de los testigos era el santuario de Dios. 3. Se ordenó solemnemente a Moisés que hiciera el santuario y todos sus utensilios según el modelo que se le había mostrado en aquel lugar. De ahí que ahora tengamos ante nosotros un modelo de la morada de Dios.

El Plano del Santuario.—Sus muros, al norte, al oeste y al sur, estaban formados por tablas verticales, colocadas en basas de plata. Estas tablas tenían diez codos de largo por codo y medio de ancho. Y como había veinte de ellas en cada uno de los dos lados, aprendemos que tenía treinta codos de longitud y diez de altura. Del mismo modo, comprobamos que tenía unos diez codos de anchura. Las bases en las que estaban colocadas las tablas se llaman "las bases del *santuario*", cap. 38:27. Cinco barras que corrían a lo largo de los lados y pasaban por los anillos de las tablas, las unían entre sí. Todo estaba recubierto de oro. El santuario estaba cubierto con cuatro revestimientos diferentes. El extremo oriental estaba cerrado por un velo, o colgadura, llamado puerta de la tienda o tabernáculo. Un segundo velo dividía el tabernáculo en dos partes llamadas el lugar santo y el santísimo de todos. Cap. 26:1-29, 31-37; 36:8-38; Levítico 16:2; Hebreos 9:3.

Los Vasos del Santuario.—Todos ellos se hicieron según el modelo que el Señor mostró a Moisés. Éxodo 25:9, 40. Eran los siguientes 1. El arca. Era un pequeño cofre de unos cuatro pies y seis pulgadas de largo, y unos dos pies y seis pulgadas de ancho y alto, recubierto de oro puro, por dentro y por fuera. Se hizo con el propósito expreso de contener el testamento de Dios, los diez mandamientos. Cap. 25:10-16, 21; 31:8;

32:15, 16; 37:1-5; Deuteronomio 10:1-5; 1 Reyes 8:9; 2 Crónicas 5:10; Hebreos 9:4. 2. El propiciatorio. Era la parte superior del arca. En cada uno de sus extremos había un querubín. Los querubines y la cubierta eran una sola pieza de oro batido. Éxodo 25:17-22; 37:6-9; 26:34; Hebreos 9:4, 5. 3. 3. El altar del incienso. Estaba recubierto de oro y tenía unos tres pies y medio de altura y casi dos pies cuadrados. Tenía por objeto quemar incienso delante de Dios. Éxodo 30:1-10; 37:25-28; Lucas 1:9-11. 4. El incensario de oro. Se utilizaba para quemar incienso ante el Señor, sobre todo en el lugar santísimo. Levítico 10:1; 16:12; Hebreos 9:4. 5. El candelabro, con sus siete lámparas, era una obra sólida de oro batido, de un peso aproximado de un talento. Estaba hecho según el modelo expreso mostrado a Moisés. Éxodo 25:31-40; 37:17-24; Números 8:4. 6. La mesa de los panes de la proposición. Medía unos tres pies y medio de largo, dos y medio de alto y dos de ancho. Estaba recubierta de oro puro, y sobre ella se guardaban siempre los panes de la proposición delante del Señor. Éxodo 25:23-30; 7:10-16; Hebreos 9:2. 7. El altar de los holocaustos. Tenía unos nueve pies cuadrados y casi cinco pies y medio de altura. Estaba recubierto de bronce y, como su nombre indica, se utilizaba para ofrecer sacrificios a Dios. Éxodo 27:1-8; 37:1-7. 8. La fuente. Era de bronce y contenía agua para uso de los sacerdotes. Cap. 30:18-21; 38:8. El atrio del tabernáculo tenía cien codos de longitud, por cincuenta de anchura y cinco codos, o sea unos nueve pies, de altura. Cap. 27:9-19; 38:8-20.

Dios llamó por su nombre a los que iban a ejecutar esta obra y los llenó del espíritu de sabiduría. Cap. 31:1-11; 35:30-35. Sabían "hacer toda clase de obras para el servicio del santuario". Cap. 36:1. Recibían la ofrenda de los hijos de Israel para "el servicio del santuario". Versículo 3. Venían de la "obra del santuario" (versículo 4), y daban testimonio de que se ofrecía más de lo que se podía utilizar. Y Moisés ordenó que nadie hiciera "más obra para la ofrenda del santuario". Versículo 6. La construcción de cada parte del santuario se describe minuciosamente en los caps. 36-39. Todo fue entonces sometido a la inspección de Moisés, y éste declaró que la obra era tal como Dios había ordenado, es decir: un verdadero modelo. Cap. 39:33-43. Dios ordenó entonces a Moisés que levantara el santuario y lo pusiera todo en orden. Cap. 40:1-16.

Moisés Erige el Santuario.—Moisés levantó el tabernáculo, colocó sus tablas en los bastidores de plata, las unió con las barras y extendió sobre el conjunto la cubierta del tabernáculo. Luego colocó el testimonio en el arca, puso sobre ella el propiciatorio y llevó el arca al tabernáculo. Cap. 40:17-21. Luego colgó el velo delante del arca, y así dividió los lugares santos. Versículo 21; 26:33; Hebreos 9:3. Colocó la mesa sin el velo, en el lado norte del lugar santo, y puso el pan en orden sobre ella. Versículos 22, 23. Luego colocó el candelabro al sur del lugar santo y encendió sus lámparas delante del Señor. Versículos 24, 25. Puso el altar de oro delante del velo, en el lugar santo, y quemó sobre él incienso aromático. Versículos 26, 27. Colocó el colgadizo para la puerta del santuario, y colocó el altar del holocausto a la puerta, y puso la fuente entre el tabernáculo y este altar, y alrededor de todo, dispuso el atrio del tabernáculo. Versículos 28-33. El santuario erigido para morada de Jehová (Éxodo 15:2; 25:8) está ahora preparado para recibir al Rey Eterno.

Dios Toma Posesión del Santuario.—"Entonces la nube cubrió la tienda de reunión, y la gloria del Señor llenó el tabernáculo. Y Moisés no pudo entrar en la tienda de reunión, porque la nube estaba sobre ella, y la gloria del Señor llenaba el tabernáculo." Versículos 34, 35. Ahora hemos encontrado la morada o santuario del Señor. En el libro del Éxodo, Moisés llama santuario a este edificio al menos once veces. Pero ¿preguntas por las palabras del Nuevo Testamento sobre este punto? Pues escucha.

El Punto de Vista de Pablo sobre el Santuario de la Primera Alianza.—"Ciertamente, la primera alianza tenía también ordenanzas de servicio divino y un santuario mundano. Porque se hizo un tabernáculo, el primero, en el que estaban el candelabro, la mesa y los panes de la proposición, que se llama el santuario. Y después del segundo velo, el tabernáculo que se llama el Lugar Santísimo de todos; el cual tenía el incensario de oro, y el arca de la alianza recubierta de oro alrededor, donde estaba la vasija de oro que contenía el maná, y la vara de Aarón que brotaba, y las tablas de la alianza; y sobre ella los querubines de gloria que sombreaban el propiciatorio." Hebreos 9:1-5; 13:11. Queda establecido, por tanto, que hasta aquí tenemos la visión correcta de este tema, y que el tabernáculo de Dios, y no la tierra de Canaán, era el santuario.

El Santuario Mundano Era el Modelo del Verdadero.—"Conforme al modelo del tabernáculo y al modelo de todos sus instrumentos, así lo haréis". "Y mira que los hagas según su modelo, que te fue mostrado en el monte". Éxodo 25:9, 40. "Y harás el tabernáculo según el modelo que te fue mostrado en el monte". Cap. 26:30. "Como te fue mostrado en el monte, así lo harán". Cap. 27:8. "Conforme al modelo que el Señor había mostrado a Moisés, así hizo el candelabro". Números 8:4. "Nuestros padres tuvieron el tabernáculo de los testigos en el desierto, tal como él había dispuesto, hablando a Moisés, que lo hiciera según el modelo que había visto". Hechos 7:44. "Que sirven al *ejemplo* y *sombra de las cosas celestiales*, como fue amonestado Moisés por Dios cuando iba a hacer el tabernáculo; pues mira, dice, que hagas todas las cosas según el modelo que se te mostró en el monte." Hebreos 8:5. "Era, pues, necesario que los *modelos de las cosas celestiales* fuesen purificados con éstos; pero las cosas celestiales mismas con mejores sacrificios que éstos. Porque Cristo no ha entrado en los lugares santos hechos de mano, que son *figuras de lo verdadero*." Hebreos 9:23, 24. De estos textos aprendemos dos hechos importantes. 1. Se nos certifica muchas veces que el tabernáculo de los testigos se hizo según el modelo que Dios mostró a Moisés. 2. 2. Que ese modelo era una representación del propio santuario celestial. Hebreos 8:2.

Trazamos la historia del santuario en el libro del Levítico. Se admite que todos los casos en que aparece la palabra se refieren al tabernáculo del Señor. La sangre de la expiación era rociada "delante del velo del santuario". Levítico 4:6. Por ofrecer fuego extraño ante el Señor en su tabernáculo, fueron muertos dos de los hijos de Aarón. Luego eran llevados "de delante del santuario". Levítico 10:4. Los impuros no debían "entrar en el santuario" o tabernáculo. Levítico 12:4, 6. "El santuario sagrado" debía ser purificado. Levítico 16:16, 33. "Guardaréis mis sábados y reverenciaréis mi santuario; yo soy el Señor". Levítico 19:30; 26:2. Los que adoraban a Moloc profanaban el santuario del Señor. Levítico 20:3. "Santuarios", usado para los dos lugares santos. Levítico 21:23; 26:31. Véase también Jeremías 51:51. Dios ordenó que el sumo sacerdote no debía "salir del santuario, ni profanar el santuario de su Dios", para llorar por los muertos. Levítico 21:12.

Dios puso su tabernáculo a cargo de la tribu de Leví, que acampó a su alrededor. Números 1:50-53. Bajo el estandarte de Judá al este, de Rubén al sur, de Efraín al oeste y de Dan al norte, las tribus de Israel debían acampar alrededor del tabernáculo en cuatro grandes cuerpos, durante su estancia en el desierto. Números 2. Dios dividió entonces la tribu de Leví según sus tres hijos, Gersón, Coat y Merari. Estas tres divisiones debían acampar separadamente en los lados oeste, sur y norte del tabernáculo. Números 3. Los coatitas debían guardar "la guarda del santuario", y también de "los utensilios del santuario". Versículos 28, 31. Y Eleazar, el sacerdote, debía tener la supervisión de los que así guardaban "el cargo del santuario", versículo 32. Pero en el lado oriental del tabernáculo, Moisés, Aarón y sus hijos debían acampar y guardar "el cargo del santuario." Versículo 38.

Cuando el campamento hubo de ponerse en marcha, los sacerdotes debían desmontar el tabernáculo (Números 4) y cubrir los vasos sagrados y "todos los instrumentos del ministerio con que ministran en el santuario" (versículo 12); y cuando hubieron terminado de cubrir el santuario y todos los vasos del santuario, los hijos de Coat debían llevarlo. Versículo

15. Y mandó Dios que Eleazar tuviese "la guarda de todo el tabernáculo, y de todo lo que en él hay, en el santuario." Versículo 16. "El servicio del santuario", perteneciente a los coatitas, debían llevarlo sobre sus hombros. Números 7:9. Los levitas fueron entregados a Aarón para hacer el servicio del tabernáculo, a fin de que no hubiera ninguna plaga "cuando los hijos de Israel se acercaran al santuario." Números 8:19. "Los coatitas se adelantaron llevando el santuario". Números 10:21.

Los sacerdotes debían "llevar la iniquidad del santuario". Números 18:1. Los levitas no debían "acercarse a los utensilios del santuario", versículo 3. Y los sacerdotes debían "guardar el cargo del santuario". Versículo 5. El hombre que descuidaba la purificación, "profanaba el santuario del Señor". Números 19:20. "El siclo del santuario", o tabernáculo, era el estandarte en Israel. La palabra santuario, que significa la morada de Dios, aparece en este sentido veinticinco veces. Éxodo 30:13, 24; 38:24, 25, 26; Levítico 5:15; 27:3, 25; Números 3:47, 50; 7:13, 19, 25, 31, 37, 43, 49, 55, 61, 67, 73, 79, 85, 86; 18:16.

La palabra santuario no aparece en el libro del Deuteronomio. Un capítulo se refiere a él como "el tabernáculo de reunión". 31:14, 15. Hemos trazado la historia del santuario, desde el momento en que fue erigido, hasta el período de la estancia de Israel en el desierto. Por Hechos 7:45 sabemos que las tribus de Israel lo llevaron consigo a la tierra prometida. En el libro de Josué se le llama casa de Dios o tabernáculo, y sabemos que se erigió en Silo. Josué 9:23; 18:1; 19:51; Jeremías 7:12. Se le llama el tabernáculo del Señor. Josué 22:19. Se le llama "el santuario del Señor". Jos 24,26. En el libro de los Jueces se le llama simplemente "la casa de Dios", situada en Silo. Jueces 18:31; 20:18, 26, 31; 21:2. En 1 Samuel se la denomina la casa del Señor. Cap. 1:7, 24; 3:15. En los capítulos 1:9; 3:3, se la llama templo del Señor. En el capítulo 2:32, Dios la llama "mi morada" o tabernáculo, al margen. Todavía moraba en Silo. Cap. 4:4.

Dios Abandona el Santuario.—Debido a la maldad de los sacerdotes y del pueblo (1 Samuel 2), Dios abandonó su morada y entregó su gloria (el arca de su testamento) en manos del enemigo, los filisteos. Salmo 78:60-62; Jeremías 7:12-14; 1 Samuel 4. No parece que después de que el arca de Dios fuera sacada del tabernáculo de Silo, y Dios abandonara allí su morada, su gloria o el arca de su alianza volvieran jamás a ese edificio. Los demás vasos sagrados permanecieron con el tabernáculo que, en tiempos de Saúl, parece que estaba situado en Nob (1 Samuel 21; Mateo 12:3, 4; Marcos 2:26); y en tiempos de David, en Gabaón. 1 Crónicas 16:39; 21:29, 30; 1 Reyes 3:4; 2 Crónicas 1:3. Y aquí la dejamos por el momento para seguir al arca.

El arca fue tomada por los filisteos y retenida en su tierra durante siete meses. Durante ese tiempo fueron azotados con graves plagas, y Dagón, su dios, cayó dos veces ante ella. Después la devolvieron a Israel, a Bet-semes. En este lugar fueron heridos 50.000 israelitas por mirar dentro del arca. 1 Samuel 4; 5; 6. De allí fue trasladada a Quiriat-jearim, a casa de Abinadab, donde permaneció veinte años. 1 Samuel 7:1, 2. En este período se dice que todo Israel "se lamentaba tras el Señor". De este lugar fue trasladado a la casa de Obed-edom, donde permaneció tres meses. 2 Samuel 6:1-11; 1 Crónicas 13. De este lugar David lo trasladó a su propia ciudad, Jerusalén, y lo colocó en un tabernáculo que había levantado. 2 Samuel 6:12-17; 1 Crónicas 15; 16:1. Fue en este momento, cuando el Señor había dado a David descanso de todos sus enemigos, y él moraba seguro en su propia casa, cuando la morada de su Dios se presentó ante su mente.

David Desea Construir un Santuario Glorioso.—La situación de la casa de Dios vino a la mente de David, y "deseó encontrar un tabernáculo para el Dios de Jacob". Hechos 7:46; Salmo 132:1-5. Expuso este asunto al profeta Natán, quien le dijo: "Haz todo lo que está en tu corazón, porque Dios está contigo". Pero aquella noche Dios encargó a Natán que dijera a David: "Así ha dicho el Señor: No me construirás una casa para habitarla". 1 Crónicas 17:1-4; 2 Samuel 7:1-5. Esto se debía a que David había sido un hombre de guerra y había derramado sangre en abundancia. Pero Dios prometió que Salomón, su hijo, construiría la casa. 1 Crónicas 22:7-10. Entonces David procedió a hacer grandes preparativos para la construcción. Cap. 22:19. El lugar donde el ángel del Señor se apareció a David, en el momento en que se detuvo la plaga, es decir, la era de Ornán el jebuseo (cap. 21:14-18), en el monte Moriah (2 Crónicas 3:1; Génesis 22:2, 14), que estaba cerca del monte Sión, era el lugar de la morada de Dios. Salmo 78:68, 69; 132:13, 14. Y aquí, "como altos palacios", se construyó el santuario de Dios. 1 Crónicas 29:1.

Salomón y los Príncipes Encargados de Construir el Santuario.—"Poned ahora vuestro corazón y vuestra alma a buscar a Jehová vuestro Dios; levantaos, pues, y edificad el santuario de Jehová Dios, para introducir el arca de la alianza de Jehovah y los utensilios sagrados de Dios en la casa que se ha de edificar al nombre de Jehová." Cap. 22:19. "Ten cuidado ahora, porque el Señor te ha elegido para edificar una casa para el santuario; esfuérzate y hazlo". Cap. 28:10. Entonces David dio a Salomón instrucciones explícitas respecto a la construcción del santuario. Versículos 11-21. Un relato completo de la erección de este glorioso santuario puede leerse en 1 Reyes 6; 7; 2 Crónicas 3:4. Su construcción duró siete años y seis meses, y cuando estuvo terminado era de una magnificencia maravillosa. Se diferenciaba principalmente del tabernáculo en que era una ampliación de aquél y en que era un edificio permanente, en vez de temporal. Los utensilios del santuario también aumentaron en tamaño y número.

El Tabernáculo Cede su Lugar al Templo.—Una vez terminado todo en el templo del Señor, y reunido todo Israel en su dedicación, leemos lo siguiente: "Hicieron subir el arca de Jehová, el tabernáculo de reunión y todos los utensilios sagrados que estaban en el tabernáculo, los sacerdotes y los levitas". "Y los sacerdotes introdujeron el arca de la alianza de Jehová en su lugar, en el oráculo de la casa, en el lugar santísimo, debajo de las alas de los querubines". 1 Reyes 8:4, 6. El tabernáculo que había estado en Gabaón durante mucho tiempo fue, como hemos leído aquí, llevado al templo del Señor, y los vasos sagrados y el sacerdocio fueron trasladados a aquel santuario más glorioso. El arca, que durante algún tiempo había estado guardada en Jerusalén, fue llevada al lugar santísimo del templo. Y ahora la morada del Dios de Jacob está completa.

Dios Toma Posesión del Santuario.—"Cuando los sacerdotes salieron del lugar santo, la nube llenó la casa del Señor, de modo que los sacerdotes no podían estar de pie para ministrar a causa de la nube, pues la gloria del Señor había llenado la casa del Señor. Entonces dijo Salomón: El Señor dijo que moraría en densas tinieblas. Ciertamente yo te he edificado una casa donde habitar, un lugar estable donde morar para siempre". 1 Reyes 8:10-13. La Shekinah, o gloria visible de Dios, que había habitado en el tabernáculo, ha pasado ahora al templo, y ese templo es desde entonces el santuario del Señor Dios.

El Templo Era un Modelo del Verdadero Santuario.—"Entonces David dio a Salomón su hijo el pórtico, y de sus casas, y de sus tesoros, y de sus cámaras superiores, y de sus salas interiores, y del lugar del propiciatorio, y el modelo de todo lo que tenía por el Espíritu, de los atrios de la casa del Señor, y de todas las cámaras alrededor de los tesoros de la casa de Dios, y de los tesoros de las cosas consagradas; también para los cursos de los sacerdotes y de los levitas, y para toda la obra del servicio de la casa de Jehová, y para todos los utensilios del servicio en la casa de Jehová." Todo esto, dijo David, me lo hizo entender Jehová por escrito con su mano sobre mí, todas las obras de este modelo". 1 Crónicas 28:11-13, 19. "Tú me has mandado [a Salomón] edificar un templo sobre tu monte santo, y un altar en la ciudad donde tú habitas, semejante al tabernáculo sagrado que has preparado desde el principio". Sabiduría de Salomón 9:8. "Los modelos de las cosas en los cielos"; "los lugares santos hechos de mano, que son las figuras de lo verdadero". Hebreos 9:23, 24.

La historia del santuario se relata con todo detalle en los libros de los Reyes y en 2 Crónicas. Pero solo podemos citar aquellos textos en los que se le llama santuario. En 1 Crónicas 9:29 se habla de "los instrumentos del santuario", refiriéndose al tabernáculo o al templo. En 1 Crónicas 24:5, leemos de "los gobernadores del santuario" o "casa de Dios".

El salmista ruega a Dios que envíe "ayuda desde el santuario". Salmo 20:2. Levantó sus manos "hacia el oráculo de tu santuario". Salmo 28:2, margen. Véase 1 Reyes 6:19, 20. Invita a los santos a "adorar al Señor en su glorioso santuario". Salmo 29:2, margen. Ruega "ver tu poder y tu gloria, como te he visto en el santuario". Salmo 63:2. Habla de las "salidas de mi Dios, mi Rey, en el santuario". Salmo 68:24, 29. En el Salmo 78:54, él califica la tierra de Canaán de "frontera del santuario". Y en los versículos 68, 69, atestigua que Dios "edificó su santuario como altos palacios" en el monte Sión, en Judá. Él "entró en el santuario de Dios" y vio el fin de los impíos. Salmo 73:17. Atestigua que "tu camino, oh, Dios, está en el santuario". Salmo 77:13. Predice la futura desolación del templo o santuario de Dios. Salmo 74:3, 7; 79:1. En el Salmo 96:6, declara que "la fuerza y la belleza están en su santuario". Y en el versículo 9, al margen, dice: "Adora al Señor en el santuario glorioso". "Alza tus manos en el santuario y bendice al Señor". Salmo 134:1, 2. "Alabad a Dios en su santuario". Salmo 150:1.

Desde el período en que se escribieron los Salmos, descendemos en la historia de los reyes de Judá hasta Josafat. En su oración, afirma que Dios entregó la tierra de Canaán al pueblo de Israel: "Y ellos habitaron en ella, y te edificaron en ella un santuario". 2 Crónicas 20:7, 8. Y en el versículo 9, cita las palabras utilizadas en la dedicación del templo. 1 Reyes 8:33-39.

Después de esto, leemos que Uzías, rey de Judá, ensoberbecido, entró en el templo para quemar incienso. Y los sacerdotes le ordenaron que saliera del santuario. 2 Crónicas 26:16-18. Más adelante leemos que Ezequías ofreció una expiación por el reino, por el santuario y por Judá. 2 Crónicas 29:21. Y exhortó a todo Israel a que se entregara al Señor y entrara en su santuario. Y ora por los que no fueron purificados según la purificación del santuario. 2 Crónicas 30:8, 19.

Por esta época, Dios dice por medio de Isaías: "He profanado a los príncipes del santuario, y he entregado a Jacob a la maldición, y a Israel a los oprobios". Isaías 43:28. A continuación, Sofonías se queja de que sus profetas son personas ligeras y traidoras; sus sacerdotes han contaminado el santuario, han violado la ley. Sofonías 3:4.

Después de esto, Ezequiel dice: "Has profanado mi santuario". Ezequiel 5:11; 8:6. Y al ver a los hombres con las armas de matar, se les ordena que "comiencen por mi santuario". "Y comenzaron por los ancianos que estaban delante de la casa". Ezequiel 9:9. Y en el capítulo 23:38, 39, dice: "Además, esto me han hecho: han profanado mi santuario en el mismo día, y han profanado mis sábados. Porque habiendo sacrificado sus hijos a sus ídolos, vinieron el mismo día a mi santuario para profanarlo; y he aquí, así han hecho en medio de mi casa". Y en el capítulo 24:21, Dios dice: "Profanaré mi santuario".

DIOS ABANDONA SU SANTUARIO.—"Pero id ahora a mi lugar que está en Silo, donde puse mi nombre al principio, y ved lo que hice en él por la maldad de mi pueblo Israel. Y ahora, puesto que habéis hecho todas estas obras, dice el Señor, y os hablé, madrugando y hablando, pero no oísteis; y os llamé, pero no respondisteis, por eso haré a esta casa, que se llama con mi nombre, en la que confiáis, y al lugar que di a vuestros padres, como he hecho a Silo" Jeremías 7:12-14; 26:6.

¿Qué hizo Dios con el santuario de Silo? "Cuando Dios oyó esto, se enfureció y aborreció en gran manera a Israel, de modo que abandonó el tabernáculo de Silo, la tienda que había puesto entre los hombres, y entregó su fortaleza al cautiverio y su gloria en manos del enemigo:" Salmo 78:59-61. Luego, cuando Dios dijo al pueblo que haría con el templo lo mismo que había hecho con el tabernáculo de Silo, fue una declaración solemne de que lo abandonaría. Ezequiel 8:6. Ahora demostraremos que esta predicción se cumplió.

EL SANTUARIO DESTRUIDO.—"Pero se burlaron de los mensajeros de Dios, despreciaron sus palabras y abusaron de sus profetas, hasta que la ira del Señor se levantó contra su pueblo, hasta que no hubo remedio. Por eso trajo sobre ellos al rey de los caldeos, que mató a espada a sus jóvenes en la casa de su santuario, y no tuvo compasión de joven ni de doncella, ni de anciano ni de encorvado por la edad; a todos los entregó en su mano. Y todos los utensilios de la casa de Dios, grandes y pequeños, y los tesoros de la casa de Jehová, y los tesoros del rey y de sus príncipes; todo esto llevó a Babilonia. Y *quemaron la casa de Dios*, y derribaron el muro de Jerusalén, y quemaron a fuego todos sus palacios, y destruyeron todos sus objetos preciosos". 2 Crónicas 36:16-19.

Ahora se verificaban las predicciones de Asaf (Salmo 74:3, 7; 79:1), de (Isaías 63:18; 64:10, 11) y de (Ezequiel 24:21). Los paganos entraron entonces "en los santuarios [los lugares santos] de la casa del Señor". Jeremías 51:51. "Entraron en su santuario los paganos, a quienes mandaste que no entrasen en tu congregación". Lamentaciones 1:10. Y el Señor "desechó su altar" y "abominó de su santuario"; y el sacerdote y el profeta fueron "muertos en el santuario"; y "las piedras del santuario fueron derramadas en lo alto de la calle". Lamentaciones 2:7, 20; 4:1. En este tiempo de dispersión y de desolación de su santuario, Dios promete ser para ellos "*como* un pequeño santuario". Ezequiel 11:16; Isaías 8:14. El santuario así destruido, quedó desolado hasta el reinado del reino de Persia. 2 Crónicas 36:19-23; Esdras 1:1-3; Isaías 44:28. Fue cerca del final de los setenta años de cautiverio cuando Daniel oró: "Haz resplandecer tu rostro sobre tu santuario que está desolado". Daniel 9:2, 17.

Ezequiel Ofrece a Israel un Santuario

Catorce años después de la destrucción del santuario, Dios dio a Ezequiel el "modelo" de otro, para que lo mostrara a la casa de Israel. Cap. 40-48. Este edificio constaba de dos lugares santos. Cap. 41. El lugar santísimo era del mismo tamaño que el del templo de Salomón. Versículo 4; 1 Rey 6,19.20; A este edificio se aplica la palabra santuario en los textos siguientes: Ezequiel 41:21, 23; 42:20; 43:21; 44:1, 5 versículos 7, 8, se refieren al templo de Salomón), 9, 11, 15, 16, 27; 45:2, 3, 4, 18; 47:12; 48:8, 10, 21. Se ofreció a la casa de Israel entonces en cautividad con esta condición: que se "avergonzaran" de sus iniquidades y las repusieran. Si lo hacían, Dios haría que se estableciera este edificio y haría que regresaran "las doce tribus". Cap. 40:4; 43:10, 11; 44:5-8; 47:13-33; 48.

Pero la casa de Israel no se avergonzó en absoluto. Pues cuando se promulgó el decreto de restauración de Israel, todo Israel pudo subir a la tierra donde se había prometido la abundante bendición de Dios. Véase el decreto de Ciro. 2 Crónicas 36:22, 23; Esdras 1:1-4; 7:13. Pero las diez tribus despreciaron la oferta de Ciro, así como las bendiciones prometidas por Dios, y las tribus de Judá y Benjamín, con una parte de la tribu de Leví y algunas otras, fueron las únicas que subieron. Esdras 1:5; 7:7; 8:15. De este modo, la casa de Israel rechazó la graciosa oferta del Señor y menospreció las inestimables bendiciones que Dios les habría concedido. Ezequiel 47; 48. De ahí que nunca se erigiera este santuario. Pero que esta profecía no pertenece al futuro reinado de Cristo y de sus santos, lo demuestran los siguientes hechos:

1. El Príncipe que reinará sobre el pueblo de Dios, Israel, para siempre, no es otro que Jesucristo. Solo habrá un Príncipe y Pastor que será el Rey sobre Israel en el estado glorificado, y ése es Jesús. Lucas 1:32, 33; Ezequiel 37:22, 24; Jeremías 23:5, 6; Miqueas 5:2. Pero el príncipe del que habla aquí Ezequiel no es Cristo, sino un pobre y frágil mortal. Porque (1.) se le ordena que ofrezca un novillo como expiación por sí mismo. Ezequiel 45:22. Pero Jesucristo es él mismo la gran ofrenda por el pecado

del mundo. 1 Juan 2:1, 2. (2.) Debía ofrecer toda clase de ofrendas por sí mismo. Ezequiel 46:1-8. Pero Jesucristo hizo que todo esto "cesara" con su muerte. Daniel 9:27. (3.) Dios dice a estos príncipes: "Quitad de mi pueblo vuestras exacciones". Ezequiel 45:9. Pero cuando Cristo reine, no habrá nada opresivo, pues los oficiales serán la paz, y los exactores, la justicia. Isaías 60:17-19. (4.) Y este príncipe tendrá hijos y siervos a los que, si quiere, podrá dar una herencia. Pero lo que dé a sus siervos volverá al príncipe en el año del Jubileo. Ezequiel 46:16, 17. Y se le prohíbe oprimir al pueblo. Versículo 18. Sin duda, sería una blasfemia aplicar esto a nuestro Señor Jesucristo. Por tanto, Ezequiel no está prediciendo el futuro reinado de Cristo sobre la casa de Israel.

2. Cristo dice: "Los hijos de este mundo [o edad] se casan y se dan en casamiento; pero los que serán tenidos por dignos de alcanzar aquel mundo [o edad] y la resurrección de entre los muertos, ni se casan ni se dan en casamiento." Lucas 20:35. Ahora escucha a Ezequiel: "Ni ellos [los sacerdotes de Dios] tomarán por *mujer* a una viuda, ni a la repudiada; sino que tomarán doncellas de la descendencia de la casa de Israel, o a una viuda que antes haya tenido sacerdote". Ezequiel 44:22. En la predicción de Cristo sobre la edad o el mundo venidero, afirma categóricamente que allí no se casará ni se dará en matrimonio; pero en Ezequiel encontramos a los sacerdotes del Señor casándose, ¡y tenemos indicios incluso de que *el divorcio* y la *muerte* no son desconocidos! Por tanto, es evidente que Ezequiel no se refiere a la era venidera. Es cierto que si aquellos sacerdotes hubieran sido "tenidos por dignos de obtener aquel mundo", ¡no se les representaría casándose en él! Y esto, además, en la tierra prometida, ¡el *corazón* mismo del reino futuro! 3. Y Cristo añade: "Ya no pueden morir, porque son iguales a los ángeles". Lucas 20:36. Y Pablo atestigua que, a la última trompeta, "esto mortal se vestirá de inmortalidad", y la muerte será devorada por la victoria. 1 Corintios 15:51-54. ¡¡¡Pero Ezequiel tiene *muertes*, incluso en las familias de los sacerdotes de Dios, y ellos mismos contaminados al asistir a sus entierros, y obligados a ofrecer por sí mismos una ofrenda por el pecado!!! Véase Ezequiel 44:25-27. ¿Son tales personas iguales a los ángeles? ¿Están donde ya no pueden morir? Seguramente no. Entonces queda demostrado que Ezequiel no se refiere al mundo ni a la era venidera.

Ahora demostraremos que el santuario, el sacerdocio y las ofrendas, con las bendiciones que los acompañaban, se habrían realizado en la dispensación mosaica si las doce tribus de Israel hubieran aceptado la bendición ofrecida. 1. Debía cumplirse mientras estuviera en vigor la circuncisión. Ezequiel 44:9. Pero ésta fue abolida en el primer advenimiento. Gálatas

5:2; 6:12; Colosenses 2:11-13. 2. Fue mientras estuvo permitido el divorcio. Ezequiel 44:22. Pero eso ya no existe. Mateo 5:31, 32; 19:8, 9. 3. Se reconoce la distinción entre carnes limpias e impuras. Ezequiel 44:23, 31. Pero ahora la Biblia no reconoce tal distinción. Romanos 14. 4. El sacrificio, las ofrendas, los holocaustos y las expiaciones, de toros y machos cabríos, estaban entonces en vigor. Ezequiel 46. Pero ahora no son aceptables para Dios. Hebreos 10. 5. Las fiestas y el Jubileo estaban entonces en vigor. Ezequiel 45:21-25; 46:9, 11, 17. Pero fueron clavados en la cruz. Colosenses 2. 6. El sacerdocio levítico estaba entonces en vigor. Ezequiel 40:46; 44:15. Pero el sacerdocio de Melquisedec, que no pasa a otro, ha ocupado su lugar. Hebreos 5-9. 7. La "pared intermedia de separación" existía entonces, como lo prueban todas estas ordenanzas, así como la distinción reconocida entre "la descendencia de la casa de Israel" y el extranjero. Ezequiel 44,22; 47,22. Pero ahora está derribada. Efesios 2. Pero dejamos el santuario ofrecido a las doce tribus, para poder seguir la historia de Judá y Benjamín.

EL SANTUARIO RECONSTRUIDO

Ciro, rey de Persia, en el primer año de su reinado, promulgó un decreto para la restauración del santuario de Dios, que durante tanto tiempo había estado en ruinas. Esdras 1:1-4. Y en este decreto no solo dio permiso a toda la casa de Israel para subir a la ciudad de sus padres, donde Dios había elegido colocar su nombre, sino que de hecho proporcionó ayuda a los que la necesitaban para subir. Y, sin embargo, diez de las doce tribus eligieron permanecer en su iniquidad y morar con los paganos. Pero en el versículo 5 nos enteramos de que subieron los jefes de las familias de Judá y Benjamín, los sacerdotes, los levitas y algunos otros. Los utensilios de la casa de Dios, que habían estado en el santuario de Satanás en Babilonia (Esdras 1:7, 8; 5:14; 2 Crónicas 36:7; Daniel 1:2), les fueron entregados para que los subieran al templo de Dios que debían reconstruir en Jerusalén.

En el segundo año de su llegada a la casa de Dios en Jerusalén, con Zorobabel por gobernador y Josué por sumo sacerdote, echaron los cimientos del templo del Señor. Esdras 8:8, 10. Después de muchos y graves obstáculos, fue terminado en el sexto año de Darío, habiendo ocupado su construcción un período de veinte años. Esdras 6:15. El decreto del que datan los 2300 días no se promulgó hasta el séptimo año del nieto de Darío. De modo que el santuario ya existía cuando comenzó ese período. Esdras 7. Este templo de Zorobabel no era sino el templo de Salomón reconstruido, como podemos deducir de Esdras 5:11, aunque parece que era más grande que aquel edificio. Esdras 6:3, 4; 1 Reyes 6:2. Por tanto, no era sino una continuación del modelo del verdadero, que Salomón había erigido. Y así entendemos que el lenguaje de Pablo en Hebreos 9 se refiera a estos edificios que, en su conjunto, constituyen el santuario de la primera alianza, cuando dice que ese santuario es una figura o modelo del verdadero.

Mientras Zorobabel construía la casa del Señor, los profetas Hageo y Zacarías animaron a los constructores. Esdras 5:1; 6:14. Hageo prometió que, aunque no fuera tan rica en plata y oro como la primera casa, la gloria de esta última sería mayor que la de la primera, pues vendría a ella el Deseado de todas las naciones. Hageo 2.

Dios Habitó en Este Santuario.—"Por tanto, así ha dicho el Señor: He vuelto a Jerusalén con misericordia; mi casa será edificada en ella, dice el Señor de los ejércitos". Zacarías 1:16. "Canta y alégrate, hija de Sión, porque he aquí que vengo y *habitaré* en medio de ti, dice el Señor". Zacarías 2:10. "Quien jure por el templo, jura por él y por quien *mora* en él". Mateo 23:21.

Nehemías llama a este edificio el santuario, y declara que "no abandonaremos la casa de nuestro Dios". Cap. 10:39. Mientras la casa de Dios yacía en ruinas, Daniel oró para que Dios hiciera resplandecer su rostro sobre su santuario que estaba desolado. En respuesta a su oración, el ángel Gabriel es enviado para informarle de que, al final de las 69 semanas siguientes a la promulgación del decreto de restaurar y edificar Jerusalén, vendría el Mesías, que finalmente sería cortado. Después de esto, la ciudad y el santuario, que ahora hemos visto reconstruidos, serían destruidos, y nunca más serían reconstruidos, sino dejados en ruinas hasta la consumación. Daniel 9. Al final de las 69 semanas, el año 27 d.C., vino el Mesías Príncipe y comenzó a predicar. Marcos 1:15. Israel procedió a "consumar la transgresión", por la que Dios le cortaría de ser su pueblo, al rechazar al Mesías. Daniel 9:24; Juan 1:11; Mateo 23:32; 1 Tesalonicenses 2:15, 16.

Dios Abandona el Santuario.—"Jerusalén, Jerusalén, tú que matas a los profetas y apedreas a los que te son enviados, ¡cuántas veces quise reunir a tus hijos, como reúne la gallina a sus polluelos debajo de las alas, y no quisiste! *He aquí que vuestra casa os es dejada desierta*". Mateo 23:37, 38; Lucas 13:34, 35. Después de pronunciar estas palabras, Jesús salió del templo, que ya no era la morada de Dios. Y al salir, declaró que debía ser derribado, y no quedar piedra sobre piedra. Mateo 24:1, 2. Y lo que Gabriel y Jesús habían predicho así, los romanos lo cumplieron en pocos años, y el "santuario mundano" dejó de existir.

FECHAS.—Moisés erigió el santuario (según la cronología al margen), 1490 a. C. Fue abandonado en Silo, 1141 a.C. Salomón erigió el santuario, 1005 a.C. Fue abandonado por Dios, 588 a. C. Reconstruido por Zorobabel, 515 a.C. Abandonado y desolado, 31 d. C. Ya hemos seguido el santuario típico hasta su final. Y aquí hagamos una pausa para reflexionar e indagar. ¿Por qué ordenó Dios esta disposición extraordinaria? Los sacrificios ofrecidos en este edificio nunca podrían quitar los pecados. ¿Por qué, pues, se instituyeron? Los sacerdotes que aquí ministraban eran tan imperfectos que tenían que ofrecer por sí mismos. ¿Por qué, pues, se ordenó un sacerdocio semejante? El edificio en sí no era más que una estructura imperfecta y provisional, aunque acabada a la perfección del arte humano. ¿Por qué se erigió entonces tal estructura? Ciertamente, Dios no hace nada en vano, y todo esto está lleno de significado. El estudiante de la Biblia no se perderá la respuesta a estas preguntas. El edificio en sí no era más que una "figura de lo verdadero", un "modelo de las cosas celestiales". Los sacerdotes que allí ministraban servían "a ejemplo y sombra de las cosas celestiales", y los sacrificios que allí se ofrecían, señalaban continuamente hacia el gran sacrificio que debía hacerse por el pecado del hombre. Estas grandes verdades se exponen claramente en Hebreos 8-10. Ahora pasaremos de la sombra a la sustancia.

EL SANTUARIO TÍPICO DA PASO A LO VERDADERO

1. El santuario de la primera alianza termina con esa alianza, y no constituye el santuario de la nueva alianza. Hebreos 9:1, 2, 8, 9; Hechos 7:48, 49. 2. Aquel santuario era una figura para el tiempo presente, o para aquella dispensación. Hebreos 9:9. Es decir, durante la dispensación típica, Dios no inauguró el verdadero tabernáculo, sino que dio al pueblo una figura o modelo de este. 3. Cuando se completó la obra del primer tabernáculo, se abrió el camino del templo de Dios en el Cielo. Hebreos 9:8; Salmo 11:4; Jeremías 17:12. 4. El santuario típico y las ordenanzas carnales relacionadas con él debían durar solo hasta el tiempo de la reforma. Y cuando llegó ese tiempo, vino Cristo, sumo sacerdote de los bienes venideros mediante un tabernáculo mayor y más perfecto. Hebreos 9:9-12. 5. El rasgamiento del velo del santuario terrenal a la muerte de nuestro Salvador puso de manifiesto que sus servicios habían terminado. Mateo 27:50, 51; Marcos 15:38; Lucas 23:45. 6. Cristo declaró solemnemente que había quedado desolado. Mateo 23:37, 38; Lucas 13:34, 35. 7. El santuario está relacionado con el ejército. Daniel 8:13. Y la hueste, que es la verdadera iglesia, no ha tenido ni santuario ni sacerdocio en la antigua Jerusalén

durante los últimos 1800 años, pero ha tenido ambos en el Cielo. Hebreos 8:1-6. 8. Mientras estuvo en pie el santuario típico, era una prueba de que el camino hacia el verdadero santuario no estaba abierto. Pero cuando sus servicios fueron abolidos, el tabernáculo del Cielo, del que era una figura, ocupó su lugar. Hebreos 10:1-9; 9:6-12. 9. Los lugares santos hechos por manos humanas, figuras o modelos de las cosas celestiales, fueron sustituidos por los lugares santos celestiales propiamente dichos. Hebreos 9:23, 24. 10. El santuario, desde el comienzo del sacerdocio de Cristo, es el verdadero tabernáculo de Dios en el cielo. Esto se afirma claramente en Hebreos 8:1-6. Estos puntos son una prueba concluyente de que el santuario mundano de la primera alianza ha dado paso al santuario celestial de la nueva alianza. Se abandona el santuario típico y el sacerdocio se transfiere al verdadero tabernáculo. Ahora bien, a menos que pueda volver a cambiarse del verdadero al típico, el antiguo nunca será reconstruido.

EXPLICACIÓN DE GABRIEL SOBRE EL SANTUARIO

Pero la pregunta más importante en la mente del lector es ésta: ¿Cómo explicó Gabriel el santuario a Daniel? ¿Le indicó la transición de la "figura" o "modelo" al "tabernáculo mayor y más perfecto", los verdaderos lugares santos? Respondemos que sí. 1. Gabriel explica a Daniel qué parte de los 2300 días pertenecía a Jerusalén y a los judíos. "Setenta semanas han sido *cortadas* sobre tu pueblo y sobre tu santa ciudad". Daniel 9:24. – *Traducción de* Whiting. Luego la *totalidad de los* 2300 días no pertenece a la antigua Jerusalén, el lugar del santuario terrenal, ni pertenecen todos a los judíos, el pueblo profeso de Dios en tiempos de la primera alianza. 2. Porque en ese período de 70 semanas debía consumarse la transgresión, es decir, el pueblo judío debía colmar su medida de iniquidad rechazando y crucificando a su Mesías, y ya no debía ser su pueblo ni su hueste. Daniel 9:24; Mateo 23:32, 33; 21:33-43; 27:25. 3. Gabriel mostró a Daniel que el santuario terrenal sería destruido poco después de que rechazaran al Mesías, y que nunca sería reconstruido, sino que quedaría desolado hasta la consumación. Daniel 9:26, 27. 4. El ángel presenta la nueva alianza a la vista de Daniel. "Él [el Mesías] confirmará la alianza con muchos durante una semana". Daniel 9:27; Mateo 26:28. 5. El ángel presenta a la vista de Daniel la iglesia o hueste de la nueva alianza, es decir, los "muchos" con los que se confirma la alianza. Versículo 27. 6. Trae a la vista el sacrificio de la nueva alianza, es decir, la ablación del Mesías, pero no por sí mismo. Versículo 26. Y también el Príncipe o mediador de la nueva alianza. Versículo 25; 11:22; Hebreos 12:24. 7. Trae a la vista de Daniel el santuario de la nueva alianza. Gabriel informó a Daniel de que antes de que terminaran las setenta semanas, que correspondían al santuario terrestre, sería ungido el Santo de los Santos. De que este "Santo de los Santos" es el verdadero tabernáculo en el que el Mesías ha de oficiar como sacerdote, ofrecemos el siguiente testimonio:

> "'Y para ungir el Santo de los Santos'; *kodesh kodashim*, el Santo de los santos": Adam *Clarke*. Daniel 9:24.
>
> "Setenta semanas están determinadas sobre tu pueblo y la ciudad de tu santuario, para que se detenga el pecado y se ponga fin a la transgresión, para que se expíe la iniquidad y se introduzca la justicia eterna, para que se sellen las visiones y las profecías y se unja el Lugar Santísimo" – *Traducción* de Houbigant de Daniel 9:24, citada en el Comentario de Clarke.
>
> "'Ungir el Santísimo'. Hebreo, literalmente 'Santo de los santos'. El cielo mismo, que Cristo consagró, cuando ascendió y entró en él, rociándolo o consagrándolo con su propia sangre por nosotros." – Litch's *Restitution*, página 89.
>
> "Y el último acontecimiento de las 70 semanas, tal como se enumera en el versículo 24, fue la unción del 'Santísimo', o el 'Santo de los santos', o el 'Sanctum Sanctorum'. No lo que había en la tierra, hecho con manos, sino el verdadero tabernáculo, el Cielo mismo, en el que Cristo, nuestro sumo sacerdote, ha entrado por nosotros. Cristo debía hacer en el verdadero tabernáculo, en el Cielo, lo que Moisés y Aarón hicieron en su modelo. Véase Hebreos 6; 7; 8; 9. Y Éxodo 30:22-30. También Levítico 8:10-15." – *Escudo del Advenimiento*, n.º 1, página 75.

Es evidente, pues, que, de la visión de los 2.300 días sobre el santuario, solo 490 se referían al santuario terrenal; y también que la iniquidad del pueblo judío se consumaría tanto en ese período que Dios los abandonaría, y la ciudad y el santuario serían destruidos poco después, y nunca serían reconstruidos, sino que quedarían en ruinas hasta la consumación. Y también es un hecho que Gabriel presentó a Daniel una visión del verdadero tabernáculo (Hebreos 8:12), que hacia el final de las 70 semanas ocupó el lugar del modelo. Y así como el ministerio del tabernáculo terrenal comenzaba con su unción, en el ministerio más excelente de nuestro gran Sumo Sacerdote, el primer acto, tal como se le mostró a Daniel, es la unción del verdadero tabernáculo o santuario, del que él es ministro. Éxodo 40:9-11; Levítico 8:10, 11; Números 7:1; Daniel 9:24.

Por lo tanto, es un hecho establecido que el santuario terrenal de la primera alianza y el santuario celestial de la nueva alianza están ambos comprendidos en la visión de los 2300 días. Setenta semanas se cortan sobre el santuario terrenal, y a su terminación se introduce el verdadero tabernáculo, con su unción, su sacrificio y su ministro. Y es interesante notar que el traslado del tabernáculo hecho de manos al verdadero tabernáculo mismo, que el Señor levantó, y no el hombre, es colocado por Gabriel en el mismo punto en que la Biblia atestigua que cesó la sombra de los bienes venideros, al ser clavada en la cruz. Colosenses 2:14-17. Donde la ofrenda de toros y machos cabríos dio paso al gran sacrificio (Hebreos 9:11-14; 10:1-10; Salmo 40:6-8; Daniel 9:27); donde el sacerdocio levítico fue sustituido por el del orden de Melquisedec (Hebreos 5-7; Salmo 110); donde el ejemplo y la sombra de las cosas celestiales terminaron con el ministerio más excelente que representaba. Hebreos 8:1-6. Y donde los lugares santos, que eran las figuras de lo verdadero, fueron sucedidos por los verdaderos lugares santos en el Cielo. Hebreos 9:23, 24. En la primera parte de este artículo, vimos que Gabriel no explicó los 2300 días y el santuario en Daniel 8. Ahora vemos que en Daniel 9, explicó ambos. Con la explicación de Gabriel sobre el santuario y el tiempo, estamos plenamente satisfechos.

EL SANTUARIO CELESTIAL

"Ahora bien, de las cosas que hemos dicho, ésta es la suma: Tenemos tal sumo sacerdote, que está sentado a la diestra del trono de la Majestad en los cielos; ministro del santuario y del verdadero tabernáculo, que levantó el Señor, y no el hombre". Hebreos 8:1, 2. "Un trono alto y glorioso es desde el principio el lugar de nuestro santuario". Jeremías 17:12; Apocalipsis 16:17; Salmo 11:4. "Porque desde lo alto de su santuario miró hacia abajo; desde el cielo contempló el Señor la tierra". Salmo 102:19.

EL SANTUARIO CELESTIAL TIENE DOS SANTOS LUGARES.—El siguiente testimonio sobre este punto es concluyente. Lo deducimos del Antiguo y del Nuevo Testamento, que en boca de dos o tres testigos puede establecerse toda palabra. 1. El tabernáculo erigido por Moisés, después de una inspección de cuarenta días del que se le mostró en el monte, constaba de dos lugares santos (Éxodo 26:30-33), y se declara que es un modelo correcto de ese edificio. Éxodo 25:8, 9, 40, comparado con el cap. 39:32-43. Pero si el santuario terrenal consistiera en dos lugares santos, y el gran original, del que fue copiado, consistiera en uno solo, en lugar de la semejanza, habría una perfecta disimilitud. 2. El templo se construyó en todos los aspectos según el modelo que Dios dio a David por el Espíritu. 1 Crónicas 28:10-19. Y Salomón, dirigiéndose a Dios, dice: "Tú me has mandado edificar un templo sobre tu santo monte, y un altar en la ciudad en que moras, semejante al tabernáculo sagrado que preparaste desde el principio". Wis. Sol. 9:8. El templo se construyó a una escala mayor y más grandiosa que el tabernáculo; pero su rasgo distintivo, como el tabernáculo, consistía en que estaba compuesto de dos lugares santos. 1 Reyes 6; 2 Crónicas 3. Esto es una prueba clara de que el tabernáculo celestial contiene lo mismo. 3. Pablo afirma claramente que "los lugares santos [plural] hechos con las manos" "son las figuras [plural] de lo verdadero". Y el tabernáculo y sus vasos son "modelos de las cosas celestiales". Hebreos 9:23, 24. Esto es una prueba directa de que, en el tabernáculo mayor y más perfecto, hay dos lugares santos, como en la "figura", "ejemplo" o "modelo". 4. El apóstol utiliza realmente la palabra santos (plural), al hablar del santuario celestial. Algunos han supuesto que la expresión "el más santo de todos", en Hebreos 9:8; 10:19, prueba que Cristo empezó a ministrar en el lugar santísimo en su ascensión. Pero la expresión no es "hagia hagion", santo de los santos, como en el capítulo 9,3, sino simplemente "hagion", santos. Es la misma palabra que se traduce por santuario en Hebreos 8:2. En cada uno de estos tres textos (Hebreos 8:2; 9:8; 10:19), Macknight traduce la palabra "lugares santos". La Biblia Douay la traduce como "los santos". Y así aprendemos que el santuario celestial consta de dos "lugares santos".

Los Vasos del Santuario Celestial.—Hemos prestado especial atención a los vasos del santuario terrenal, y hemos citado el testimonio divino para demostrar que eran modelos de los verdaderos del cielo. Esto se confirma de modo sorprendente por el hecho de que en el santuario celestial encontramos vasos semejantes. 1. El arca del testamento de Dios y los querubines. Apocalipsis 11:19; Salmo 99:1. 2. 2. El altar de oro del incienso. Apocalipsis 8:3; 9:13. 3. El candelabro con las siete lámparas. Apocalipsis 4:5; Zacarías 4:2. 4. El incensario de oro. Apocalipsis 8:3. Este santuario celestial es llamado por David, Habacuc y Juan: "El templo de Dios en el cielo" (Salmo 11:4; Habacuc 2:20; Apocalipsis 11:19); la "santa morada" de Dios (Zacarías 2:13; Jeremías 25:30; Apocalipsis 16:17); "el tabernáculo mayor y más perfecto" (Hebreos 9:11); "el santuario y tabernáculo verdadero, que levantó el Señor, y no el hombre". Hebreos 8:2.

El Descenso del Santuario

Los agentes por los que el santuario es pisoteado son la desolación diaria o continua y la transgresión o abominación de la desolación. Daniel 8:13; 11:31; 12:11. Estas dos desolaciones, como ya hemos visto, son el paganismo y el papado. A menudo se aduce como argumento suficiente contra la visión del santuario de Dios en el Cielo que tal santuario no es susceptible de ser pisoteado. Pero respondemos: Esto no es imposible, cuando el Nuevo Testamento nos muestra que los hombres impíos (apóstatas) pisotean al Ministro del santuario celestial, nuestro Señor Jesucristo. Hebreos 10:29; 8:1, 2. Si pueden pisotear al Ministro de ese santuario, entonces pueden pisotear el santuario mismo. No es imposible que las desolaciones paganas y papales se representen como pisoteando el santuario celestial, cuando la misma visión representa al cuerno pequeño pisoteando las estrellas; Daniel 8:10; y cuando se predice expresamente que el poder papal guerreará contra el tabernáculo de Dios en el Cielo. Apocalipsis 13:5-7. El lenguaje de esta visión, según el cual estos poderes blasfemos arrojarían la verdad por tierra, pisotearían las estrellas y pisotearían el santuario y el ejército, es ciertamente figurativo, pues de otro modo implicaría absurdos completos.

Tracemos ahora brevemente la forma en que Satanás, mediante el paganismo y el papado, ha pisoteado el santuario del Señor. Ya hemos visto que lo ha hecho erigiendo santuarios rivales, en los que, en lugar del único Dios vivo y verdadero, ha establecido "nuevos dioses recién surgidos". Deuteronomio 32:16, 17. En tiempos de los Jueces y de Samuel, el santuario rival de Satanás era el templo de Dagón, donde adoraban los filisteos. Jueces 16:23, 24. Y cuando hubieron arrebatado el arca de Dios a Israel, los filisteos la depositaron en este templo. 1 Samuel 5. Después de que Salomón erigiera un glorioso santuario en el monte Moriah, Jeroboam, que hizo pecar a Israel, erigió un santuario rival en Betel, y así apartó a diez de las doce tribus del culto del Dios vivo, hacia el de los becerros de oro. 1 Reyes 12:26-33; Amós 7:13, margen. En tiempos de Nabucodonosor, el rival del santuario de Dios era el templo del dios de Nabucodonosor en Babilonia. Y a este templo llevó los vasos del santuario del Señor, cuando lo dejó desolado. Daniel 1:2; Esdras 1:7; 5:14; 2 Crónicas 36:7. En un período todavía posterior, Satanás estableció en Roma un templo o santuario de "todos los dioses". Daniel 8:11; 11:31.

Después de que el santuario típico de la primera alianza hubo dado lugar al verdadero santuario de Dios, Satanás bautizó su santuario pagano y sus ritos y ceremonias paganas, llamándolos cristianismo. A partir de entonces tuvo en Roma un "templo de Dios", y en ese templo, un ser exaltado por encima de todo lo que se llama Dios o que se adora. 2 Tesalonicenses 2:4. Y esta abominación papal ha pisoteado la ciudad santa (Apocalipsis 11:2; 21:2), al persuadir a una gran parte de la familia humana de que Roma, el lugar de este templo falsificado de Dios, era "la ciudad santa" o "la ciudad eterna". Y ha pisoteado y blasfemado el santuario o tabernáculo de Dios (Apocalipsis 13:6; Hebreos 8:2) llamando templo de Dios a su propio santuario, y desviando la adoración de los que habitan en la tierra, del "templo de Dios en el Cielo" al santuario de Satanás en Roma. Ha pisoteado al Hijo de Dios, ministro del santuario celestial (Hebreos 10:29; 8:2), convirtiendo al Papa en cabeza de la Iglesia, en lugar de Jesucristo (Efesios 5:23), y llevando a los hombres a la adoración de ese "hijo de perdición", como alguien capaz de perdonar los pecados pasados y conferir el derecho a cometerlos en el futuro, apartando así a los hombres de Aquel que es el único que tiene poder en la tierra para perdonar los pecados y perdonar la iniquidad y la transgresión. Tal ha sido la naturaleza de la guerra que Satanás ha mantenido contra el santuario y la causa de Dios, en sus vanos intentos de derrotar el gran plan de redención que Dios ha estado llevando adelante en su santuario. Para presentar la purificación del santuario de Dios en el Cielo, es necesario observar brevemente.

La Ministración y Limpieza del Santuario Terrenal

Ya hemos demostrado que el santuario terrenal constaba de dos lugares santos y que era un modelo del verdadero tabernáculo de Dios en el Cielo. Presentaremos ahora, de manera breve, la obra de la ministración en esos dos santos lugares, y también la obra de purificar ese santuario, al final de esa ministración, cada año, y probaremos que esa ministración era el ejemplo y la sombra del ministerio más excelente de Cristo en el verdadero tabernáculo.

La ministración en el santuario terrenal la realizaba el orden levítico del sacerdocio. Éxodo 28; 29; Levítico 8; 9; Hebreos 7. El acto preparatorio para el comienzo de la ministración en aquel tabernáculo terrenal era la unción de sus dos lugares santos y de todos sus vasos sagrados. Éxodo 40:9; 30:26-29; Levítico 8:10. Todo el trabajo de los sacerdotes en los dos lugares santos lo resume Pablo de la siguiente manera: "Cuando estas cosas fueron así ordenadas, los sacerdotes entraban siempre en el primer tabernáculo, cumpliendo el servicio de Dios; pero al segundo entraba el sumo sacerdote solo una vez cada año, no sin sangre, que ofrecía por sí mismo y por los errores del pueblo". Hebreos 9:6, 7. El ministerio en el santuario terrenal se nos presenta, pues, en dos grandes divisiones. En primer lugar, el servicio diario en el lugar santo, que consistía en el holocausto regular de la mañana y de la tarde (Éxodo 29:38-43; Números 28:3-8), la quema de incienso aromático sobre el altar de oro, cuando el sumo sacerdote encendía las lámparas cada mañana y cada tarde (Éxodo 30:7,

8, 34-36; 31:11), el trabajo especial en los sábados del Señor, y también en los sábados anuales, las lunas nuevas y las fiestas (Números 28:11-31; 29; Levítico 23), y además de todo esto, el trabajo especial para los individuos que debían presentar sus ofrendas particulares a lo largo del año. Levítico 1-7. Y, en segundo lugar, la obra anual, en el lugar santísimo, por los pecados del pueblo y para la purificación del santuario. Levítico 16. Así, cada uno de los dos lugares santos tenía asignada su obra apropiada. La gloria del Dios de Israel se manifestaba en ambos departamentos. Cuando entró en el tabernáculo al principio, su gloria llenó ambos lugares santos. Éxodo 40:34, 35. Véase también 1 Reyes 8:10, 11; 2 Crónicas 5:13, 14; 7:1, 2. En la puerta del primer departamento, el Señor estaba de pie y hablaba con Moisés. Éxodo 33:9-11. En este lugar prometió Dios reunirse con los hijos de Israel y santificar el tabernáculo con su gloria. Éxodo 29:42-44; 30:36. También en el lugar santísimo Dios manifestó su gloria de manera especial. Éxodo 25:21, 22; Levítico 16:2.

En el primer departamento se encontraban los sacerdotes en continuo ministerio para el pueblo. El que había pecado, traía su víctima a la puerta de este departamento para ser ofrecida por sí mismo. Ponía la mano sobre la cabeza de la víctima para indicar que su pecado se transfería a ella. Levítico 1-3. Entonces la víctima era sacrificada a causa de aquella transgresión, y su sangre, portadora de aquel pecado y culpa, era llevada al santuario y rociada sobre él. Levítico 4. Así, a lo largo del año, continuaba esta ministración. Los pecados del pueblo eran transferidos de ellos mismos a las víctimas ofrecidas en sacrificio, y a través de la sangre de los sacrificios, transferidos al santuario mismo.

El día diez del mes séptimo, se cambiaba la ministración del lugar santo, donde se había continuado durante todo el año, al lugar santísimo. Levítico 16:2, 29-34. El sumo sacerdote entraba en el lugar santísimo con la sangre de un novillo, como expiación por sí mismo. Versículos 3, 6, 11-14. Luego recibía de los hijos de Israel dos machos cabríos para expiación. Sobre estos machos cabríos echó suertes; una suerte para el Señor, y la otra suerte para el macho cabrío. Versículos 5, 7, 8. A continuación procedió a ofrecer el macho cabrío sobre el que había caído la suerte del Señor, como expiación por el pueblo.

Ahora mostraremos que ofreció esta sangre con dos fines: 1. "Para hacer expiación por los hijos de Israel, por todos sus pecados". 2. Para limpiar o "hacer expiación por el santuario santo". Leamos una parte del capítulo. "Entonces degollará el macho cabrío de la expiación que es por el pueblo, y llevará su sangre al interior del velo, y hará con esa sangre lo mismo que hizo con la sangre del novillo, y la esparcirá sobre el propiciatorio y delante

del propiciatorio; y hará expiación por el santuario, a causa de la inmundicia de los hijos de Israel y de sus rebeliones en todos sus pecados; y lo mismo hará por el tabernáculo de reunión que queda entre ellos en medio de
su inmundicia. Y no habrá hombre en el tabernáculo de reunión cuando
entre a hacer expiación en el santuario, hasta que salga y haya hecho expiación por sí mismo, por su familia y por toda la congregación de Israel. Y
saldrá al altar que está delante de Jehová, y hará expiación por él; y tomará
de la sangre del becerro y de la sangre del macho cabrío, y la pondrá sobre
los cuernos del altar alrededor. Y rociará de la sangre sobre él con su dedo
siete veces, y lo purificará, y lo santificará de la inmundicia de los hijos de
Israel. Y cuando haya acabado de reconciliar el santuario, el tabernáculo
de reunión y el altar, traerá el macho cabrío vivo; y Aarón pondrá sus dos
manos sobre la cabeza del macho cabrío vivo, y confesará sobre él todas
las iniquidades de los hijos de Israel, y todas sus rebeliones en todos sus
pecados, poniéndolas sobre la cabeza del macho cabrío, y lo enviará por
mano de un hombre idóneo al desierto; y el macho cabrío llevará sobre sí
todas sus iniquidades a tierra inhabitada; y soltará el macho cabrío en el
desierto." "Y esto os será por estatuto perpetuo: que, en el mes séptimo, a
los diez días del mes, afligiréis vuestras almas y no haréis trabajo alguno,
ya sea uno de vuestro país o un extranjero que resida entre vosotros; porque ese día el sacerdote hará expiación por vosotros, para purificaros, a fin
de que quedéis limpios de todos vuestros pecados delante del Señor." "Y
hará expiación por el santuario santo, y hará expiación por el tabernáculo
de reunión y por el altar; y hará expiación por los sacerdotes y por todo
el pueblo de la congregación. Y esto os será por estatuto perpetuo: hacer
expiación por los hijos de Israel por todos sus pecados una vez al año."
Versículos 15-22, 29, 30, 33, 34.

Hemos leído aquí varios hechos importantes. 1. El décimo día del séptimo mes se cambió la ministración del lugar santo al santísimo de todos.
Versículos 2, 29-34. 2. 2. Que en el lugar santísimo se ofrecía sangre por
los pecados del pueblo para hacer expiación por ellos. Versículos 5, 9, 15,
17, 30, 33, 34; Hebreos 9:7. 3. 3. Que los dos lugares santos del santuario,
así como el altar del incienso, fueron purificados ese día de los pecados del
pueblo que, como hemos visto, habían sido llevados al santuario y rociados
sobre él a lo largo del año. Versículos 16, 18-20, 33; Éxodo 30:10. 4. Que
el Sumo Sacerdote, después de haber quitado con la sangre los pecados del
pueblo del santuario, los lleva a la puerta del tabernáculo (Números 18:1;
Éxodo 28:38), donde está el macho cabrío, y poniendo ambas manos sobre
la cabeza del macho cabrío, y confesando sobre él todas las iniquidades de
los hijos de Israel en todos sus pecados, las pone sobre la cabeza del ma-

cho cabrío y lo envía, con todas sus iniquidades, a una tierra no habitada. Versículos 5, 7-10, 20-22. El santuario quedaba así limpio de los pecados del pueblo, y esos pecados eran llevados por el macho cabrío del santuario. Lo que antecede presenta a nuestra vista un esquema general de la ministración en el santuario mundano. Las siguientes escrituras muestran que esa ministración era el ejemplo y la sombra del ministerio de Cristo en el tabernáculo del Cielo: "Ahora bien, de las cosas que hemos hablado, ésta es la suma: Tenemos tal Sumo Sacerdote, que está colocado a la diestra del trono de la Majestad en los cielos: ministro del santuario y del verdadero tabernáculo, el cual levantó el Señor, y no el hombre. Porque todo sumo sacerdote está ordenado a ofrecer dones y sacrificios; por tanto, es necesario que éste tenga también algo que ofrecer. Porque si estuviera en la tierra, no sería sacerdote, ya que hay sacerdotes que ofrecen ofrendas según la ley; que sirven al *ejemplo* y a la *sombra* de *las cosas celestiales*, como Dios amonestó a Moisés cuando iba a hacer el tabernáculo; pues: Mira (dice) que hagas todas las cosas según el modelo que se te mostró en el monte. Pero ahora ha obtenido un ministerio más excelente, por cuanto también es mediador de una alianza mejor, establecida sobre mejores promesas". Hebreos 8:1-6; Colosenses 2:17; Hebreos 10:1; 9:11, 12.

Los hechos expuestos en estos textos merecen una cuidadosa atención. 1. Tenemos un Sumo Sacerdote en los cielos. 2. Este Sumo Sacerdote es ministro del santuario o tabernáculo verdadero. 3. Así como los sumos sacerdotes terrestres fueron ordenados para ofrecer sacrificios por los pecados, es necesario que nuestro Sumo Sacerdote tenga algo que ofrecer por nosotros en el santuario celestial. 4. Cuando estaba en la tierra, no era sacerdote. 5. El ministerio de los sacerdotes en aquel tabernáculo, hecho según el modelo del verdadero, era el ejemplo y la sombra del ministerio más excelente de Cristo en el propio tabernáculo verdadero. 6. Todo el servicio típico era una sombra de las cosas buenas venideras. 7. En el tabernáculo mayor y más perfecto, Cristo es un ministro de estas cosas buenas así ensombrecidas. Con estos hechos ante nosotros, consideremos ahora ese ministerio más excelente en el templo de Dios en el Cielo.

La Ministración y la Purificación del Santuario Celestial

Al final de los servicios típicos, vino Aquel de quien escribieron Moisés en la ley y los profetas, Jesús de Nazaret, y entregó su vida por nosotros. La muerte del Señor Jesús es el punto divisorio entre las dos dispensaciones, pues puso fin a los servicios típicos y fue el gran fundamento de su obra como sacerdote en el tabernáculo celestial. Sobre Jesús fue cargada la iniquidad de todos nosotros, y llevó nuestros pecados en su propio cuerpo sobre el madero. Isaías 53:6; 1 Pedro 2:24; Hebreos 9:28. Resucitó de entre los muertos para nuestra justificación, y ascendió al Cielo para convertirse en un gran Sumo Sacerdote en presencia de Dios por nosotros. Romanos 4:25; Hebreos 9:11, 12, 24.

La ministración en el santuario celestial la realiza el orden sacerdotal de Melquisedec, en la persona de nuestro Señor. Salmo 110; Hebreos 5-8. Ya hemos demostrado que el templo de Dios en el Cielo consta de dos lugares santos, al igual que el tabernáculo terrenal; y que la ministración en los dos lugares santos del santuario mundano era el ejemplo y la sombra del ministerio de Cristo en el verdadero tabernáculo. Pero algunos sostienen que Cristo solo ministra en el lugar santísimo del santuario celestial. Examinemos este punto.

1. El hecho de que ungiera el lugar santísimo del verdadero tabernáculo al comienzo de su ministerio, puede aducirse como prueba de que solo ministra en el segundo departamento del santuario celestial. Daniel 9:24. Pero esta objeción se desvanece enseguida si consideramos que antes de que el sacerdocio levítico comenzara a ministrar en el santuario terrenal, todo ese edificio, tanto el lugar santísimo como el lugar santo y todos los vasos sagrados, fueron ungidos. Éxodo 40:9-11; 30:23-29; Levítico 8:10; Números 7:1. Y cuando se cumplía esta unción, *comenzaba* la ministración en el *primer* departamento. Levítico 8-10; Hebreos 9:6, 7. Y este orden, recuérdese, era "ejemplo y sombra de las cosas celestiales".

2. Algunos han afirmado que el texto: "éste, después de ofrecer un solo sacrificio por los pecados, se sentó para siempre a la diestra de Dios" (Hebreos 10:12), prohíbe la idea de que ministre en los *dos* santos lugares. Pero nosotros respondemos que, en lo que se refiere a la idea de *sentarse*, sería igualmente apropiado representarlo *de pie a* la derecha del Padre. Hechos 7:56. Y si el Salvador está a la "diestra del poder de Dios" cuando desciende del cielo, como testifica respecto a sí mismo (Mateo 26:64; Marcos 14:62; Lucas 22:69), entonces ciertamente puede estar a la diestra del Padre, en ambos santos lugares. Pero aquí tenemos un testimonio directo. Pablo dice que Cristo es "ministro del santuario". Hebreos 8:2. Nadie puede negar que la palabra "hagion", aquí traducida como santuario, es plural. La Biblia Douay la traduce literalmente: "los santos". Según la traducción de Macknight, Hebreos 8:1, 2, dice así: "Ahora bien, de lo que se ha dicho, lo principal es que tenemos un Sumo Sacerdote como nos conviene, que se sentó a la diestra del trono de la Majestad en los cielos, ministro de los lugares santos, es decir, del verdadero tabernáculo, que levantó el Señor,

y no el hombre". Sacamos dos conclusiones de lo anterior: (1.) Nuestro Señor *puede* ser ministro de los dos santos lugares y, sin embargo, estar a la diestra del Padre. (2) *Debe* ministrar en ambos lugares santos o el lenguaje de Pablo de que es ministro de los santos o lugares santos (plural), no es cierto. Un sumo sacerdote que debe ministrar simplemente en el lugar santísimo no es ministro de los lugares santos.

3. Pero otro argumento para probar que Cristo ministra solo en el lugar santísimo, ha sido esgrimido por algunos, a partir de los siguientes textos: "Significando esto el Espíritu Santo, que aún no se había manifestado el camino al lugar santísimo, estando todavía en pie el primer tabernáculo". Hebreos 9:8. "Teniendo, pues, hermanos, confianza para entrar en el Lugar Santísimo por la sangre de Jesús". Cap. 10:19. Pero, como ya se ha dicho, la palabra "el más santo de todos" es la misma que se traduce por "santuario" en el capítulo 8:2, y no es "hagia hagion", santo de los santos, como en el capítulo 9:3, sino simplemente "hagion", santos, en plural. La traducción de Macknight, que traduce correctamente la palabra en plural, elimina toda dificultad. Traduce estos dos textos como sigue "El Espíritu Santo significa esto: que el camino de los lugares santos aún no estaba abierto mientras el primer tabernáculo seguía en pie". "Pues bien, hermanos, teniendo confianza en la entrada de los lugares santos, por la sangre de Jesús". Estos textos, por tanto, no favorecen la doctrina de que Cristo es ministro de uno solo de los lugares santos. Con una interpretación literal de la palabra, dándola en plural en nuestro idioma, tal como fue escrita por Pablo, se elimina por completo la objeción al ministerio de Cristo en los dos lugares santos del santuario celestial. El camino hacia los lugares santos del santuario celestial no estuvo abierto mientras continuó la ministración en el tabernáculo terrenal, pero cuando esa ministración fue abolida, el camino de los lugares santos celestiales quedó abierto, y tenemos la audacia de entrar por la fe, donde nuestro Sumo Sacerdote está ministrando por nosotros.

Quizá convenga añadir que la frase traducida "al lugar santo", en Hebreos 9,12.25, y "al santuario", en el capítulo 13,11, es la misma que en el capítulo 9,24 se traduce literalmente en plural: "a los lugares santos". Macknight los traduce todos en plural. Luego el tabernáculo celestial, donde ministra nuestro Señor Jesucristo, está compuesto de lugares santos, tan realmente como lo estaba su modelo o imagen, el tabernáculo terrenal; y nuestro gran Sumo Sacerdote es ministro de esos lugares santos mientras está a la diestra del Padre.

Examinemos ahora las escrituras que presentan la posición y el ministerio de nuestro Señor en el tabernáculo del cielo. En la visión de Patmos, el discípulo amado tiene una visión del templo de Dios, el santuario celestial. Se abrió una puerta *en el Cielo*. Ésta debe de ser la puerta del tabernáculo celestial, pues reveló a la vista de Juan el trono de Dios, que estaba en ese templo. Apocalipsis 4:1, 2; 16:17; Jeremías 17:12. Debe tratarse de la puerta del primer departamento, pues la del segundo (que revela el arca que contiene los mandamientos) no se abre hasta el toque del séptimo ángel. Apocalipsis 11:19. Y la opinión de que Juan estaba mirando el primer departamento del santuario celestial, cuando vio al Señor Jesús tomar el libro de la mano del que estaba sentado en el trono, se ve confirmada de manera sorprendente por lo que vio ante el trono. Atestigua que "había siete lámparas de fuego ardiendo delante del trono, que son los siete espíritus de Dios". Apocalipsis 4:5; Zacarías 4:2. También vio el altar de oro del incienso ante el trono, y presenció la ministración en ese altar con el incensario de oro. Apocalipsis 8:3. En el tabernáculo terrenal, que era el modelo de las cosas celestiales, el candelabro de oro, con sus siete lámparas, y el altar de oro del incienso, estaban representados y, por indicación expresa de Dios, colocados en el primer piso. Números 8:2-4; Hebreos 9:2; Levítico 24:2-4. Éxodo 40:24-27. El escenario de esta visión es el primer departamento del santuario celestial. Aquí fue donde Juan vio al Señor Jesús. Apocalipsis 5:6-8.

Leamos la descripción que Isaías hace de este lugar. "El año en que murió el rey Uzías, vi también al Señor sentado en un trono alto y sublime, y su séquito llenaba el templo. Encima de él estaban los serafines; cada uno tenía seis alas; con dos cubría su rostro, y con dos cubría sus pies, y con dos volaba. Y uno gritó a otro, y dijo: Santo, santo, santo, es el Señor de los ejércitos; toda la tierra está llena de su gloria. Y los postes de la puerta se movieron a la voz del que gritaba, y la casa se llenó de humo. Entonces dije: ¡Ay de mí! porque estoy deshecho; porque soy hombre de labios impuros, y habito en medio de un pueblo de labios impuros; porque mis ojos han visto al Rey, al Señor de los ejércitos. Entonces voló hacia mí uno de los serafines, con un carbón encendido en la mano, que había cogido con las tenazas del altar". Isaías 6:1-6.

La comparación de Juan 12:39-41 con Isaías 6:8-10 demuestra que se trataba de una visión del tabernáculo celestial y no del templo de Jerusalén. Las palabras escritas por Isaías mientras contemplaba el templo de Dios son citadas por Juan, con la declaración de que Isaías las pronunció mientras contemplaba la gloria de Cristo. Es evidente que Juan e Isaías contemplaron el mismo lugar; ambos contemplaron el trono de Dios y al que está sentado en él (Isaías 6,1; Apocalipsis 4,2); ambos contemplaron los seres vivientes con seis alas (Isaías 6,2; Apocalipsis 4,8); y ambos contemplaron el altar de oro delante del trono. Isaías 6:6; Apocalipsis 8:3; 9:13. Ya hemos demostrado que tanto Juan como Isaías vieron a nuestro Señor Jesucristo. Y la escena de sus visiones estaba en el primer departamento del santuario celestial, el lugar del candelabro de oro con sus siete lámparas y el altar de oro del incienso. Y en este departamento comenzó nuestro Sumo Sacerdote su ministerio, como los sacerdotes en el ejemplo y la sombra de las cosas celestiales. En la sombra, cada parte de la obra se repetía muchas veces; pero en la sustancia, cada parte se cumple una vez para siempre. Una vez para siempre es inmolado nuestro Sacrificio (Romanos 6:9, 10; Hebreos 9:25-28); y una vez para siempre aparece nuestro Sumo Sacerdote en cada uno de los lugares santos. Hebreos 9:11, 12, 24, 25. Por tanto, nuestro Señor debe continuar su ministerio en el primer departamento hasta que llegue el período de su ministerio dentro del segundo velo, ante el arca del testamento de Dios.

Los pecados del mundo fueron cargados sobre el Señor Jesús, y Él murió por esos pecados según las Escrituras. La sangre del Cordero de Dios, que fue derramada por nuestras transgresiones de la ley de Dios, es aquella por la que nuestro Sumo Sacerdote entra en el santuario celestial (Hebreos 9:12), y que, como abogado nuestro, ofrece por nosotros en ese santuario. Hebreos 12:24; 1 Pedro 1:2; 1 Juan 2:1, 2. Su gran obra, que comenzó con el acto de cargar con los pecados del mundo en su muerte, la prosigue aquí defendiendo la causa de los pecadores penitentes y presentando por ellos su sangre, que había sido derramada como el gran sacrificio por los pecados del mundo. La obra en el santuario terrenal era esencialmente la misma. Allí se depositaban los pecados sobre la víctima, que luego era inmolada. La sangre de aquel sacrificio, cargada con la culpa, era rociada en el santuario para reconciliar al pecador. Levítico 4:4-6. Y así, a la sombra de las cosas celestiales, vemos la culpa del pueblo transferida al santuario mismo. Esto puede comprenderse fácilmente. Y es un hecho evidente que su gran designio era dar ejemplo de las cosas celestiales. Así como el pecado de aquel que se acercó a Dios mediante la ofrenda de sangre del sumo sacerdote fue, a través de esa sangre, transferido al santuario mismo, lo mismo sucede en la sustancia. El que llevó nuestros pecados en su muerte, ofrece por nosotros su sangre en el santuario celestial. Pero cuando vuelve, está "sin pecado" (Hebreos 9:28); su gran obra para la eliminación del pecado está totalmente terminada antes de que vuelva. Preguntamos ahora sobre la eliminación de los pecados de la iglesia, o hueste, del santuario. Hemos visto que solo 490 de los 2300 años pertenecían al santuario terrestre, y que los 1810 años restantes pertenecen al verdadero santuario, que Gabriel presenta a Daniel en su explicación del capítulo 9; por consiguiente, el santuario que será limpiado de los pecados de la iglesia, o hueste, al final de los 2300 años, es el santuario celestial. También hemos examinado las porciones de la Biblia que explican cómo y por qué fue purificado el santuario terrenal, y hemos visto que esa purificación se llevó a cabo, no por el fuego, sino por la sangre. Hemos visto que esa obra fue ordenada con el propósito expreso de ser la sombra de la obra en el santuario celestial. Y también hemos visto que los pecados de los que se acercan a Dios por medio de nuestro gran Sumo Sacerdote se comunican al santuario, como sucedía en el tipo. Pero no nos quedamos sin testimonio directo sobre este importante punto. El apóstol Pablo declara el hecho de la purificación de los santuarios terrenal y celestial, y afirma claramente que este último debe ser purificado por la misma razón que lo había sido el primero. Habla como sigue: "Y casi todo es purificado por la ley con sangre; y sin derramamiento de sangre no hay remisión. Era, pues, necesario que los modelos de las cosas celestiales fuesen purificados con éstas; pero las cosas celestiales mismas con sacrificios mejores que éstos. Porque Cristo no entró en los lugares santos hechos de mano, que son figura de los verdaderos, sino en el Cielo mismo, para presentarse ahora por ·nosotros en la presencia de Dios." Hebreos 9:22-24. En esta porción de la Escritura se exponen dos hechos importantes. 1. El santuario terrenal fue purificado por la sangre. 2. El santuario celestial debe ser purificado por un sacrificio mejor, es decir, por la sangre de Cristo. Está claro, pues, que la idea de limpiar el santuario por el fuego no tiene apoyo en la Biblia.

Estas palabras, tal como las traduce Macknight, son muy claras: "Y casi todas las cosas, según la ley, se limpian con sangre, y sin derramamiento de sangre no hay remisión. Era, pues, necesario que las representaciones de los lugares santos en los cielos fuesen purificadas por estos sacrificios; pero los lugares santos celestiales mismos, por sacrificios mejores que éstos. Por eso Cristo no entró en los lugares santos hechos de mano, imágenes de los verdaderos lugares santos, sino en el cielo mismo, para presentarse ahora ante la faz de Dios, por nuestra causa". Hebreos 9:22-24. Así pues, el hecho de la purificación del santuario celestial lo enseña claramente el apóstol Pablo en su comentario sobre el sistema típico. Y esta gran verdad, claramente expuesta, es digna de recuerdo perdurable.

Muchos tratarán con desdén la idea de la purificación del santuario celestial, "porque", dicen, "no hay nada en el Cielo que deba purificarse". Tales personas pasan por alto el hecho de que el lugar santísimo, donde Dios manifestaba su gloria, y donde solo podía entrar el Sumo Sacerdote, debía, según la ley, ser purificado, porque los pecados del pueblo eran llevados a él por la sangre de la ofrenda por el pecado. Levítico 16.

Y pasan por alto el hecho de que Pablo testifica claramente que el santuario celestial debe ser purificado por la misma razón. Hebreos 9:23, 24. Véase también Colosenses 1:20. Era impuro solo en este sentido: los pecados de los hombres habían sido llevados a él mediante la sangre de la ofrenda por el pecado, y debían ser eliminados. Este hecho puede ser captado por cualquier mente.

La obra de purificar el santuario cambia la ministración del lugar santo al más santo de todos. Levítico 16; Hebreos 9:6, 7; Apocalipsis 11:19. Así como la ministración en el lugar santo del templo celestial comenzó inmediatamente después del final del sistema típico, al concluir las sesenta y nueve semanas y media (Daniel 9:27), la ministración en el santísimo de todos, en el santuario celestial, comienza con la terminación de los 2300 días. Entonces nuestro Sumo Sacerdote entra en el lugar santísimo para purificar el santuario. La terminación de este gran período marca el comienzo del ministerio del Señor Jesús en el más santo de todos. Esta obra, tal como se presenta en el tipo, ya hemos visto que tenía un doble propósito, a saber: el perdón de la iniquidad y la purificación del santuario. Y esta gran obra la lleva a cabo nuestro Señor con su propia sangre; si por la presentación misma de ella, o en virtud de sus méritos, no necesitamos detenernos a indagar.

Nadie puede dejar de percibir que este acontecimiento, la purificación del santuario, es de una importancia infinita. Con ello se cumple la gran obra del Mesías en el tabernáculo del cielo y se completa. A la obra de purificar el santuario sucede el acto de colocar los pecados, así eliminados, sobre la cabeza del macho cabrío, para que sean llevados para siempre fuera del santuario. La obra de nuestro Sumo Sacerdote por los pecados del mundo quedará entonces completada, y él estará listo para aparecer "sin pecado para salvación". El acto de colocar los pecados sobre la cabeza del macho cabrío, en el tipo, ya ha sido señalado. Levítico 16:5, 7-10, 20-22. Las siguientes valiosas observaciones sobre este importante punto proceden de la pluma de O. R. L. Crozier, escritas en 1846:

"EL CHIVO EXPIATORIO.—El siguiente acontecimiento de aquel día, después de la purificación del santuario, fue poner todas las iniquidades y transgresiones de los hijos de Israel sobre el chivo expiatorio y enviarlo a una tierra no habitada o de separación. Casi todos suponen que este macho cabrío tipificaba a Cristo en algunos de sus oficios, y que el tipo se cumplió en el primer advenimiento. Debo disentir de esta opinión, porque: 1. Ese macho cabrío no fue despedido hasta que el sumo sacerdote hubo *terminado* de purificar el santuario. Levítico 16:20, 21. Por lo tanto, ese acontecimiento no puede encontrarse con su antitipo hasta después del final de los 2300 días. 2. Fue enviado lejos de Israel, al desierto, a una tierra no habitada, para recibirlos. Si nuestro bendito Salvador es su antitipo, también él debe ser despedido, no solo su cuerpo, sino alma y cuerpo (pues el macho cabrío fue despedido vivo), no de su pueblo, ni a su pueblo, ni al Cielo, pues eso no es un desierto ni una tierra deshabitada. 3. Recibió y retuvo todas las iniquidades de Israel; pero cuando Cristo aparezca por segunda vez, estará "sin pecado". 4. El macho cabrío recibió las iniquidades de manos del sacerdote, y éste *lo despidió*. Como Cristo es el sacerdote, el macho cabrío debe ser otra cosa, además de él mismo, que él puede *despedir*. 5. Este era uno de los dos machos cabríos elegidos para aquel día, de los cuales uno era del Señor, y fue ofrecido en expiación; pero el otro no fue llamado del Señor ni ofrecido en sacrificio. Su único oficio consistía en recibir las iniquidades del sacerdote, después de haber limpiado de ellas el santuario, y llevarlas a una tierra no habitada, dejando atrás el santuario, el sacerdote y el pueblo, libres de sus iniquidades. Levítico 16:7-10, 22. 6. El nombre hebreo del macho cabrío, como se verá en el margen del versículo 8, es Azazel. Sobre este versículo, Wm. Jenks, en su Comp. Com. tiene las siguientes observaciones: 'Chivo expiatorio. Véanse diferentes opiniones en Bochart. Spencer, según la opinión *más antigua* de los hebreos y cristianos, piensa que Azazel es el nombre del diablo; y lo mismo Rosenmuller, a quien ver. El siríaco tiene Azzail el ángel (fuerte) que se rebeló'. 7. En la aparición de Cristo, como se enseña en Apocalipsis 20, Satanás será atado y arrojado al pozo sin fondo, acto y lugar simbolizados significativamente por el antiguo sumo sacerdote que enviaba el macho cabrío a un desierto separado y deshabitado. 8. Así pues, tenemos la Escritura, la definición del nombre en dos lenguas antiguas, ambas habladas al mismo tiempo, y la opinión más antigua de los cristianos a favor de considerar al macho cabrío como un tipo de *Satanás*. En el uso común del término, los hombres lo asocian siempre con algo mezquino, llamando a los refugiados de la justicia, chivos expiatorios. La ignorancia de la ley y de su significado es el único origen posible que puede asignarse a la opinión de que el chivo expiatorio era un tipo de Cristo.

"Como se dice: 'El macho cabrío llevará sobre sí todas las iniquidades de ellos a tierra inhabitada' [Levítico 16:22], y Juan dijo: 'He aquí el Cordero de Dios, que quita [margen, lleva] el pecado del mundo', se concluye sin más que el primero era el tipo del segundo. Pero un poco de atención a la ley mostrará que los pecados eran llevados del pueblo por el sacerdote, y del sacerdote por el macho cabrío. 1. Se transmiten a la víctima. 2. El sacerdote los llevaba en su sangre al santuario. 3. Después de limpiarlo de ellas, el día diez del mes séptimo, las llevaba al macho cabrío. 4. Finalmente, el macho cabrío los llevó más allá del campamento de Israel, al desierto.

"Éste era el proceso legal, y cuando se cumpla, el autor de los pecados los habrá recibido de nuevo (pero los impíos cargarán con sus propios pecados), y su cabeza habrá sido herida por la semilla de la mujer; 'el hombre fuerte armado' habrá sido atado por uno más fuerte que él, y su casa (la tumba) despojada de sus bienes, los santos. Mateo 12:29; Lucas 11:21, 22.

La gran obra de expiación se ha completado y la obra de nuestro Señor como sacerdote se ha cumplido. Los pecados de los que han obtenido el perdón mediante la gran ofrenda por el pecado son borrados al final de la obra de nuestro Señor en los santos lugares (Hch 3,19) y, transferidos al macho cabrío, son sacados del santuario y de la hueste para siempre y descansan sobre la cabeza de su autor, el diablo. El Azazel, o chivo expiatorio antitípico, habrá recibido entonces los pecados de los que han sido perdonados en el santuario, y en el lago de fuego sufrirá por los pecados que ha instigado. El pueblo de Dios, la hueste, quedará entonces libre para siempre de su iniquidad. "El que es injusto, que siga siendo injusto; y el que es inmundo, que siga siendo inmundo; y el que es justo, que siga siendo justo; y el que es santo, que siga siendo santo. Y he aquí que yo vengo pronto, y mi galardón está conmigo, para recompensar *a cada* uno según sea su obra", Apocalipsis 22:11, 12. "Y a vosotros, que estáis atribulados, descansad con nosotros, cuando el Señor Jesús se manifieste desde el cielo con sus poderosos ángeles, en llama de fuego, tomando venganza de *los* que *no conocen a* Dios y *no obedecen* al evangelio de nuestro Señor Jesucristo". 2 Tesalonicenses 1:7, 8.

CAUSA DE NUESTRA DECEPCIÓN

¿Por qué se decepcionaron los que buscaban a Jesús en 1844? Creemos que esta importante pregunta puede responderse de la manera más satisfactoria. La decepción no se debió a que nos equivocáramos en el comienzo de las 70 semanas. El argumento por el que se sostiene la fecha original es, como hemos visto, invulnerable. Tampoco nuestra decepción se debió a un error al creer que las 70 semanas forman parte de los 2.300 días, pues todo el argumento, como hemos demostrado, sigue siendo válido. Siendo estos dos puntos susceptibles de la prueba más clara, no nos equivocamos al creer que los 2300 días terminarían en el séptimo mes judío, 1844. Tampoco nos desilusionó creer que al final de los 2300 días tendría lugar la obra de purificación del santuario, pues se dice claramente: "Hasta 2300 días; entonces será purificado el santuario".

Pero cuando dijimos que esta tierra, o una parte de esta tierra, era el santuario, y que Cristo debía descender del Cielo al final de los 2300 días, para purificar la tierra por el fuego, buscábamos lo que la Biblia no nos permitía esperar. He aquí la causa de nuestra decepción. Porque hemos visto que no hay ninguna autoridad bíblica que apoye la opinión de que alguna parte de la tierra sea el santuario, o que el incendio de la tierra y la fusión de los elementos (2 Pedro 3) sea la purificación del santuario. Por una multitud de testigos, hemos demostrado que el tabernáculo de Dios es el santuario que debe ser purificado, y que su purificación es una obra realizada en ese santuario, con sangre, y no con fuego. Nuestra decepción, pues, surgió de un malentendido de la obra que se realizaría al final de los días.

Nuestras pruebas establecieron dos puntos: 1. El hecho de que el santuario debía ser purificado al final de los 2300 días, y que éstos debían terminar en el séptimo mes, 1844. 2. Los tipos en el ejemplo y la sombra de las cosas celestiales, nos presentaron la obra del sumo sacerdote en el séptimo mes, a saber: su acto de pasar del lugar santo al más santo de todos, para purificar el santuario. Razonamos que, así como el cordero pascual, sacrificado el día catorce del primer mes, encontraba su antitipo en la muerte del Cordero de Dios, ese mismo día (Éxodo 12:3-6, 46; 1 Corintios 5:7; Juan 18:23; 19:36); y la ofrenda de las primicias, el día dieciséis de ese mes, encontraba su antitipo en la resurrección de Cristo, ese mismo día, primicias de los que durmieron (Levítico 23:10, 15; 1 Corintios 15:20, 23; Mateo 28:1, 2); y la fiesta de Pentecostés encontró su antitipo en el día en que tuvo lugar (Levítico 23:15-21; Hechos 2:1, 2); así como la purificación del santuario en el séptimo mes (Levítico 16); en ese momento del año en que terminarían los 2300 días, creímos que encontraría su antitipo al final de ese período.

Si entonces hubiéramos comprendido el tema del santuario celestial, se habría evitado nuestra decepción. Nuestra evidencia no probaba que nuestro Sumo Sacerdote descendería del lugar santo del santuario celestial, en llamas de fuego para quemar la tierra, al final de los 2.300 días; pero, lejos de esto, sí probaba que, en ese momento, debía entrar dentro del segundo velo, para ministrar por nosotros ante el arca del testamento de Dios y purificar el santuario. Daniel 8:14; Hebreos 9:23, 24. Tal ha sido la posición de nuestro Sumo Sacerdote desde el fin de los días, y ésta es la razón por la que no contemplamos a nuestro Rey en 1844. Entonces solo había ministrado en uno de los lugares santos, y la terminación de los 2300 días marcó el comienzo de su ministración en el otro. Por creer en un santuario literal en el Cielo, que consiste en dos lugares santos reales, y que nuestro Sumo Sacerdote, mientras está a la diestra del Padre, es ministro de estos *dos* lugares santos, nuestros enemigos nos califican de espiritualizadores. De esta acusación injusta, apelamos al Juez de toda la tierra, que hará lo correcto.

Cuando Juan, que vio abierta la puerta del primer aposento del tabernáculo celestial al comienzo del ministerio de Cristo, fue transportado en visión por la corriente del tiempo hasta "los días de la voz del séptimo ángel", vio abierto el lugar santísimo del templo de Dios. "Y el templo de Dios fue abierto en el cielo, y se vio en su templo el arca de su testamento; y hubo relámpagos, y voces, y truenos, y un terremoto, y granizo grande". Apocalipsis 11:19. Aquí, junto al arca del testamento de Dios, es donde ministra nuestro sumo sacerdote, desde el final de los 2300 días. A esta *puerta abierta* en el santuario celestial (Apocalipsis 8:7, 8; Isaías 22:22-25), invitamos a venir en busca de perdón y salvación a los que no han pecado en el día de la gracia. Nuestro Sumo Sacerdote está de pie junto AL PROPICIATORIO (la parte superior del arca), y aquí ofrece su sangre, no solo para la purificación del santuario, sino también para el perdón de la iniquidad y la transgresión. Pero mientras llamamos a los hombres a esta puerta abierta y les señalamos la sangre de Cristo, ofrecida por nosotros en el propiciatorio, queremos recordarles LA LEY DE DIOS que está bajo ese propiciatorio, que hizo necesaria la muerte del Hijo amado de Dios para que el hombre culpable pudiera ser perdonado. Esa arca contiene los mandamientos de Dios, y el que quiera recibir la bendición de Dios, de la mano de nuestro Sumo Sacerdote, debe guardar los mandamientos contenidos en el arca, ante la cual ministra. Muchos afirman que Dios ha abolido su ley; pero esto está tan lejos de la verdad, que esa ley ocupa el lugar más selecto en el Cielo. Es la "justicia y el juicio", que son la morada del trono de Dios. Salmo 89:14; 97:2; Apocalipsis 11:19.

Dos de los mensajes de Apocalipsis 14, se habían dado antes del final de los 2300 días en 1844, como admitieron en su día casi todos los creyentes adventistas. El tercer ángel, con los mandamientos de Dios y la fe de Jesús, da el último mensaje de misericordia, mientras nuestro Sumo Sacerdote ministra por nosotros ante el arca que contiene los mandamientos. Mientras él ministra de este modo, la hueste, o iglesia, espera la consumación de la gran obra, la expiación de sus pecados. Están "en el último extremo de la indignación", que ocupa un espacio de tiempo, como se desprende de Daniel 8:19.

El final del mensaje del tercer ángel está marcado por el Hijo del hombre que toma su posición sobre la nube blanca. Apocalipsis 14:9-14. Entonces se habrá cerrado el último mensaje de misericordia, y no habrá ningún intercesor entre un Dios ofendido y el hombre culpable y ofensor. Los ángeles con las copas de la ira de Dios, que ahora están detenidas por la ministración de nuestro gran Sumo Sacerdote, saldrán entonces del templo de Dios y derramarán las copas de la ira sin mezcla sobre las cabezas de todos los impíos. Seguirán las plagas, el terremoto y el gran granizo, "cada piedra del peso de un talento"; los enemigos de Dios serán destruidos y el cuerno pequeño será quebrado sin mano. Apocalipsis 15; 16; 11:19; Daniel 12:1; 8:25. El santuario y la hueste serán entonces reivindicados, y todo poder opositor arrollado en una ruina irremediable.

Más allá de este tiempo de angustia, como nunca lo hubo, se levantan ante nosotros las escenas de la tierra renovada. En medio de ese paraíso de Dios, donde permanecerán siempre sus santos, contemplamos su glorioso santuario (Ezequiel 37; Apocalipsis 21:1-4); y aquí lo dejamos, contentos, si podemos ser del número de los que servirán a Dios en ese templo, por los siglos de los siglos. Apocalipsis 7:13-15. Las visiones proféticas de Moisés y de Natán, respecto al santuario de Dios, se realizarán entonces plenamente; el Señor reinará por los siglos de los siglos, e Israel será plantado, para no ser removido nunca más. Éxodo 15; 1 Samuel 7.

Lector, ¿quieres escapar de las cosas que se avecinan en la tierra? La voz de advertencia del tercer ángel te señala el camino. Sabed por vosotros mismos que tenéis un interés personal en esa obra que nuestro Sumo Sacerdote está consumando ante el arca del testamento de Dios, y cuando vuelva, será sin pecado para vuestra salvación. Te rogamos que no escuches la voz de los que quebrantan los mandamientos y así lo enseñan a los hombres, pues pronto recibirán su recompensa; más bien únete a los que los enseñan y los cumplen, y tendrás la vida eterna y la libre admisión por las puertas de la ciudad santa.

ADVENTIST PIONEER LIBRARY

www.APLib.org

Made in the USA
Columbia, SC
09 September 2025

61901002R00043